国家社会科学基金重大委托项目资助出版

呼伦贝尔民族文物考古大系

HULUNBUIR ETHNIC CULTURAL RELICS AND ARCHAEOLOGY SERIES

扎赉诺尔区卷

JALAINUR DISTRICT

主 编

中国社会科学院考古研究所
中国社会科学院蒙古族源研究中心
内蒙古自治区文物局
内蒙古蒙古族源博物馆
北京大学考古文博学院
呼伦贝尔民族博物院
THE INSTITUTE OF ARCHAEOLOGY, CHINESE ACADEMY OF SOCIAL SCIENCES
MONGOLIAN ORIGIN RESEARCH CENTER, CHINESE ACADEMY OF SOCIAL SCIENCES
THE INNER MONGOLIA AUTONOMOUS REGION BUREAU OF CULTURAL RELICS
MONGOLIAN ORIGIN MUSEUM OF INNER MONGOLIA AUTONOMOUS REGION
SCHOOL OF ARCHAEOLOGY AND MUSEOLOGY, PEKING UNIVERSITY
HULUNBUIR NATIONAL MUSEUM

编辑委员会

名誉主任　陈奎元
主　　任　王　巍　孟松林
副 主 任　安泳锝　塔　拉
主　　编　王　巍　孟松林
副 主 编　刘国祥　白劲松
委　　员（以姓氏笔画为序）
　　　　　于　永　王大方　王海城　邓　聪　田广林　朱　泓
　　　　　刘　政　刘歆益　齐东方　沈睿文　张久和　张广然
　　　　　张自成　陈永志　杭　侃　赵志军　赵　辉　倪润安
　　　　　殷焕良　曹建恩

《扎赉诺尔区卷》工作组

组　　长　刘国祥　白劲松
副 组 长　沈睿文　李　旸　殷焕良　柴　然

成　　员（以姓氏笔画为序）
　　　　　马文轩　王小红　王　东　王东风　王　欢　王　苹
　　　　　王　岩　王　珏　王瑞昌　云彩凤　长　福　卢亚辉
　　　　　刘小放　刘　方　刘泽婧　邢　锐　汤宝珠　孙祖栋
　　　　　张克成　张征雁　张　婕　张　颖　宋艳春　陈凤山
　　　　　陈天然　陈桂婷　苏顺义　何　佳　沈莎莎　郁华良
　　　　　郑承燕　易诗雯　呼德尔　庞　雷　哈　达　赵艳芳
　　　　　宫玉凤　给拉巴干　洪　萍　高洪才　唐　斌　黄义军
　　　　　程新华　裴　彦

呼伦贝尔民族文物考古大系

HULUNBUIR ETHNIC CULTURAL RELICS AND ARCHAEOLOGY SERIES

扎赉诺尔区卷

JALAINUR DISTRICT

主 编

中国社会科学院考古研究所 内蒙古自治区文物局 北京大学考古文博学院

中国社会科学院蒙古族源研究中心 内蒙古蒙古族源博物馆 呼伦贝尔民族博物院

文物出版社

CULTURAL RELICS PRESS

目 录 CONTENTS

序言

　　蒙古民族是一个伟大的民族，具有悠久的历史和独具特色的文化。13世纪初，蒙古人在漠北高原崛起。1206年秋，成吉思汗及其子孙率领的蒙古铁骑几乎横扫整个欧亚大陆，在世界史上开创了一个蒙古时代，影响了欧亚大陆的政治文化格局。但是，蒙古民族也给中国史、世界史的研究留下了诸多未解的难题。其早期发展史，也因史料甚少、记载不详且考古资料零散，从而制约了相关研究的深入。

　　在蒙古民族形成之前，蒙古高原先后出现过东胡、匈奴、乌桓、鲜卑、柔然、契丹、室韦等部族。关于蒙古民族的起源有多种传说和假说，至今尚无准确定论。蒙古民族是在哪里兴起的？是如何形成和发展起来的？其文化经历了怎样的发展变化？何以一跃成为横跨欧亚大陆的蒙古大帝国？蒙古民族在历史上发挥了怎样的作用？这些问题是困扰中国史乃至世界史研究的重要课题。关于元朝历代帝王陵寝的地理方位与建制等问题，不仅是一道举世瞩目的世界性千古谜题，其研究的空白，也是当代中国考古学、历史学、民族学等诸多学科领域的一个巨大学术缺憾。

　　2012年8月，经中央常委批示，"蒙古族源与元朝帝陵综合研究"作为"国家社会科学基金重大委托项目"正式立项，为期10年。田野考古调查和发掘工作主要集中在呼伦贝尔地区展开，要求推出具有国际影响力的学术成果，为维护国家统一、民族团结与文化安全服务。

　　呼伦贝尔地域辽阔，河流众多，森林茂密，水草丰美。我国著名历史学家翦伯赞先生在《内蒙访古》中曾经写道："呼伦贝尔不仅在现在是内蒙的一个最好的牧区，自古以来就是一个最好的草原。这个草原一直是游牧民族的历史摇篮。""假如呼伦贝尔草原在中国历史上是一个闹市，那么大兴安岭则是中国历史上的一个幽静的后院"。

　　呼伦贝尔历史文化资源丰富，田野考古成果显著。经过考古工作者多年不懈的努力，在大兴安岭林区、呼伦贝尔草原及呼伦湖周围取得了一系列的重要考古发现，譬如相当于青铜时代晚期至铁器时代早期的石板墓、两汉时期的鲜卑墓、辽代契

丹族的文化遗存以及蒙元时期的城址等。特别是1998年由中国社会科学院考古研究所与呼伦贝尔民族博物院联合发掘的海拉尔区谢尔塔拉墓地，发现了一批9~10世纪的游牧民族的墓葬，有盖无底的葬具形制十分独特，出土的弓、箭、矛、马鞍和马衔等随葬品，具有浓郁的草原游牧民族文化特征。体质人类学的研究结果表明，谢尔塔拉人群在颅、面类型上与现代蒙古族最接近，基本上属于蒙古人种北亚类型。谢尔塔拉墓地的发现，为研究蒙古人在松漠之间的崛起，提供了首批经过科学考古发掘的实证资料，深受国内外学术界的关注，成为在呼伦贝尔地区研究蒙古族起源的重要基点。

当今世界学术发展的一个趋势是多学科的有机结合和相互渗透，通过方法论体系的创新，取得具有前沿性的学术成果。我们要在以往田野考古工作的基础上，紧紧围绕项目主题，通过周密规划，开展富有成效的田野考古调查、发掘及文化遗产保护工作，获取与蒙古族源相关的新的考古实证资料，科学构建蒙古史前史的框架，推动中国蒙古学的发展，开创国际蒙古学研究的新局面。

《呼伦贝尔民族文物考古大系》（10卷）作为"蒙古族源与元朝帝陵综合研究"项目中的重要子课题之一，将系统展示呼伦贝尔地区的民族文物考古成果，从文化遗产的角度揭示包括蒙古族在内的森林草原民族的生产、生活面貌和精神世界，为学术研究奠定基础，同时能够起到宣传与普及森林草原民族历史文化知识的作用，丰富和深化对中华民族多元一体格局的理论认识，在新的历史时期，必将有助于促进国家统一、边疆稳定和民族团结。

众所周知，蒙古族的形成与发展、蒙古族的历史与文化的研究是一个世界性的课题。我们真诚地希望全世界研究蒙古民族历史与文化的学者加强交流与合作，共同促进相关研究的深入，共同承担复原蒙古民族历史的任务，把蒙古民族与其他民族共同创造的历史画卷，越来越清晰地展现在世人面前！

中国考古学会理事长
中国社会科学院学部委员、考古研究所所长、研究员　王　巍
项目首席专家

内蒙古蒙古族源博物馆馆长
呼伦贝尔民族历史文化研究院院长　孟松林
项目首席专家

PREFACE

As a great ethnic group, Mongolian has a long history and unique culture. Mongolian rose up in the north of the Gobi desert at the beginning of the 13th century. Most of the Eurasia had been conquered by the strong cavalry led by Genghis Khan and his descendants since the autumn of 1206. The Mongolian times was inaugurated in the world history, and political and cultural structures of the Eurasia were affected. However, Mongolian had left many unsolved problems to us. Mongolian's early development is unclear because of the lack of historical documents and archaeological data, which limits further development of the related research.

Before the formation of the Mongolian, there were a number of ethnic groups successively living in the Mongolian Plateau, such as Donghu, Xiongnu, Wuhuan, Xianbei, Rouran, Qidan and Shiwei.There are many legends about the origin of Mongolian. Lots of hypotheses have been proposed, but no one is the final conclusion. Where did Mongolian rise up? How had it formed and developed? What kind of cultural changes has it experienced? Why did it establish a great Mongol empire in Eurasian steppe in a short time? What part did it play in the history? These issues are important in the research of Chinese history as well as world history. Also, the location and institution of the imperial mausoleums in Yuan Dynasty are globally concerned mysteries in the researches of archaeology, history and ethnology.

As a special entrusting project of NSSFC(The National Social Science Fund of China), the project of Synthetic Research of Mongolian Origin and Imperial Mausoleums in Yuan Dynasty was approved by Central Politburo Standing Committee of CPC in Aug. 2012. This is a major 10-year project. Most of the excavation and investigation have been done in the Hulunbuir area. Academic achievements with international influence have been demanded in order to serve national unification, ethnic unity, and cultural safety.

Hulunbuir is an expansive area consisting of rivers, forests and grasslands. As the descriptions in the book *Historical Visit in Inner Mongolia* written by the famous historian Jian Bozan, "Hulunbuir not only is the best pasture in Inner Mongolia, but also has always been the cradle of the nomadic peoples. If Hulunbuir grassland is a noisy city in Chinese history, the Greater Khingan Mountains will be a quiet backyard."

Hulunbuir is rich in historical and cultural resources and archaeological findings. Many important sites have been discovered in forest region of the Greater Khingan Mountains by diligent archaeologists, such as slab tombs dated to a period between the late Bronze Age and the early Iron Age, Xianbei tombs of Han Dynasty, Qidan remains of Liao Dynasty, and city ruins in the Mengyuan

period. For example, the Sirtala cemetery of nomadic people dated to the 9th to 10th century was excavated by the Institute of Archaeology, CASS and Hulunbuir National Museum in 1988 in Hailar District. The burials are characterized with bottomless wooden coffins. The funerary objects present strong nomadic style, such as bows, arrows, spears, saddles and gag bits. The study of physical anthropology showed that skeletons of Sirtala cemetery were closest in skull and face to modern Mongolian and basically belonged to Northern Asia Mongoloids. The discovery of Sirtala cemetery provided the first archaeological evidence for the research on rising of Mongolian in the grassland, which attracted attentions internationally and became an important base in the research of the origin of Mongolian in Hulunbuir area.

The multi-disciplinary study has become a trend for the development of science, which can contribute to academic achievements by making innovations in methodology. According to the theme of the project, archaeological excavations and investigations, and cultural heritage protection will be carried out in order to achieve new archaeological data on the origin of Mongolian, so that prehistory of Mongolian should be clearer, and Mongolian study in China will be promoted, and hopefully a situation of Mongolian study in the world will emerge.

As an important part of the project of Synthetic Research of Mongolian Origin and Imperial Mausoleums in Yuan Dynasty, These books, *Hulunbuir Ethnic Cultural Relics and Archaeology Series* (totally 10 volumes), will show all the achievements about ethnic cultural relics and archaeological study in Hulunbuir area to reveal the life and spiritual world of the peoples in forest and grassland including Mongolian from the perspective of cultural heritage. The books not only lay the academic foundations, but also contribute to popularizing the culture of peoples in forest and grassland, and deepen the theory that there is diversity in unity of the Chinese nation. This will contribute to the national unification, ethnic unity, and stability in border areas.

As we all know, the formation, development, history and culture of Mongolian are worldwide topics. We sincerely hope that all the scholars in the world who are interested in these topics will work together in order to restore the history of Mongolian and explore the contribution of the Mongolian to the human history.

Director of the Archaeological Society of China

Member of Academic Committee of CASS; Director of the Institute of Archaeology; Researcher **Wang Wei**

Prime expert of the project

Director of the Mongolian Origin Museum of Inner Mongolia Autonomous Region

Director of the Institute of National History and Culture of Hulunbuir **Meng Songlin**

Prime expert of the project

扎赉诺尔区民族文物考古概述

刘国祥　白劲松　沈睿文

　　扎赉诺尔区（简称"扎区"）[1]位于大兴安岭西坡，呼伦贝尔大草原的西部，地理坐标为北纬49° 19′ 12″~49° 46′ 05″，东经117° 12′ 46″~117° 53′ 30″，东与满洲里市东湖区及新巴尔虎左旗相邻，西、南与新巴尔虎右旗接壤，北与东湖区相连，西北距满洲里市区24公里，南濒中国第五大淡水湖——呼伦湖（也称"达赉湖"、"呼伦池"），北经二卡口岸与俄罗斯赤塔州的阿巴盖图水陆相通。扎区呈不规则长条状，北与东西最长为49.77公里，南北最宽49.83公里，总面积279.5平方公里。

　　扎区处于中纬度地区，属北温带半干旱大陆性气候。丘陵区在其西部，其西北部有东北—西南走向的低矮山脉达赉诺儿低山，湖滨平原和冲积平原与沼泽湿地、沙地、沙岗等地貌类型互相交错，是呼伦贝尔大草原的重要组成部分。现有天然草场19.3万亩，草场种类组成丰富，草群茂密，是发展畜牧业的重要基地。

　　目前，扎区已探明的矿产资源有褐煤、沸石、芒硝、麦饭石、石灰石、珍珠岩、玛瑙等10余种，其中煤炭资源尤为丰富。闻名于世的呼伦湖就在扎赉诺尔区境内，距城区中心14公里，方圆400公里，水域面积2315平方公里，总蓄水量138.5亿立方米，被誉为"北方第一大湖"。湖中盛产鲤鱼、鲫鱼、鲇鱼、狗鱼、蒙古红鲅等30多种经济鱼类以及白虾、湖蚌等。自古以来，便是当地居民捕捞渔猎、获取生活资料的重要场所。

　　距今二三万年前的更新世晚期，远古人类就在扎赉诺尔繁衍生息。

　　更新世晚期，呼伦湖地区气候寒冷，生态环境适合猛犸象、披毛犀、东北野牛、转角羚羊、马鹿、野马、野驴、东北狍等"扎赉诺尔哺乳动物群"生活。这些古动物骨骼在扎赉诺尔露天煤矿开采中时有发现，其中以猛犸象和披毛犀化石的发现最为著名。

　　1980年，在扎赉诺尔露天煤矿发现两具猛犸象化石，1号象大部分被破坏，2号象完整度达70%。1984年又发现了3号猛犸象化石，其完整度达90%。2号猛犸象属草原猛犸象，是我国目前出土最大的猛犸象化石标本[2]。它身高475、体长900、门齿长310厘米，死亡年龄45岁左右，左门齿、下颌骨、腕骨都有断裂。其腹中的10团粪化石，在我国尚属首次发现。经碳十四测定，其生存绝对年代为距今33760±1700年。

1980年，在扎赉诺尔露天煤矿距地表深39米的黑褐色泥砂层中，发现两具披毛犀化石，它们侧卧在地，头对头，脚对脚，排列有序。其中雄性高190、个体长360厘米，雌性高180、个体长340厘米，均为中年个体。骨骼化石完整度达90%以上，距今约33000年。

蘑菇山、小孤山旧石器时代晚期遗址的发现，表明距今二三万年前在呼伦贝尔地区已出现早期人类，填补了呼伦贝尔地区旧石器时代考古的空白。

蘑菇山旧石器遗址，位于扎区北部蘑菇山的顶部以及南坡和北坡。1980年和1990年，汪宇平先生先后两次对蘑菇山遗址进行调查发掘，在遗址的四处发掘地点，出土和采集100余件石器，主要器类有砍砸器、尖状器、刮削器、石锤、石片等，其中以刮削器的数量最多。石器的制作方法是锤击法，与大窑石器制造场所见石器的加工方法接近。

小孤山旧石器遗址，位于扎区东南方的小孤山顶部的南坡上，距蘑菇山12.5公里。1990年，汪宇平先生到此调查时采集到石片、刮削器等14件石器，其文化面貌、时代与蘑菇山遗址相同。

"扎赉诺尔文化"是国内外考古界瞩目的重要发现之一。在扎赉诺尔露天煤矿的开采中，多次发现了古生物和人类化石。从1927年开始，俄国巴娄夫斯基、多尔玛秋夫、安聂耳、罗伽什金、包诺索夫，法国德日进，日本原田淑人、水野清一、三上次男、驹井和爱、远藤隆次、赤崛英三、加纳金三郎等考古学家曾陆续到此调查、发掘。

1933年，扎赉诺尔煤矿发现第一颗人头骨，其头骨、颧骨突出，眉弓粗壮，铲状门齿，与山顶洞人同属蒙古人种，远藤隆次将其定名为"扎赉诺尔人"，属于旧石器时代晚期或新石器时代早期。截至目前，共发现16个"扎赉诺尔人"头骨化石，其中有三个复原后比较完整（表1）。在人头骨化石出土的同位层中，还出土人工制作的石核、石片、石斧及大量的古生物化石，是更新世晚期到全新世早期的复合型遗址。1948年，裴文中先生明确提出"扎赉诺尔文化"的学说。然而因"地层关系"问题，在学术界引起争论[3]。2005年，扎赉诺尔遗址被国土资源部批准建立"扎赉诺尔国家矿山公园"。

扎赉诺尔地区发现沙子山、五七农场、灵泉、灵泉南等多处新石器时代遗址，出土大量的刮削器、石叶、石核、石镞等细石器。这些细石器种

[1] 扎赉诺尔，原音为"达赉诺尔"。蒙古语意为"海一样的湖泊"，原指达赉湖（呼伦湖）及其周围。1900年，中东铁路修筑至此地。1901年火车站建成后，承修铁路的俄人译写站名时将"达赉诺尔"音转为"扎赉诺尔"。随后，又将煤矿名、地区名叫成"扎赉诺尔"。2013年3月8日，经国务院批准，扎赉诺尔矿区以呼伦贝尔市扎赉诺尔区备案，为县级行政区划建制，以扎赉诺尔矿区的管辖区域为扎赉诺尔区的行政区域，辖六个街道办事处，由满洲里市代管。扎区有汉、蒙、满、回、俄罗斯等19个民族。

[2] 程道宏、魏正一、王正一：《扎赉诺尔新出土的猛犸象》，《古脊椎动物与古人类》1982年第1期，页88~89。

[3] 如张森水认为扎赉诺尔文化年代"很可能是新石器时代中期或稍偏晚的一种文化，至少可以说，它的'绝对年代'达不到距今一万年左右"。此详见张森水：《关于扎赉诺尔文化年代的一点意见》，《人类学学报》1984年第4期，页392~394。

表1 扎赉诺尔人骨骼出土情况统计表[4]

编号	出土时间	出土情况	发现者	留存地
1	1933年	出土于扎赉诺尔露天矿南坑，头骨化石属于壮年女性	顾振权	中国科学院古脊椎动物与古人类研究所
2	1943年9月	出土于扎赉诺尔第三采煤所，头骨化石属于男性	加纳金三郎	
3	1944年9月	出土于第三采煤所旁小丘，男性	裴文中 远藤隆次	
4	1973年	女性头骨	金长茂 于凤阁 魏正一	黑龙江省博物馆
5	1973年	残破头骨		
6	1973年	残片		
7	1975年春	男性头骨	郝思德	
8	1975年春	男性颈骨		
9	1975年春	幼儿头骨残片		
10	1975年7月	出土于露天矿北528站，幼儿头骨残片	曲宝元	
11	1978年7月	头骨	裴文中	
12	1979年11月	头骨	曲宝元	
13	1979年11月	征集到人类头骨化石	曲宝元	内蒙古博物馆
14	1981年	头骨，缺下颌骨，上牙8颗	王正一 王明全	扎赉诺尔国家矿山博物馆
15	1981年			
16	1982年7月	出土于露天矿536~535沙砾层，头骨，无下颌骨，有烧过的肢骨残块，还有石器及动物下颌骨等	林一璞	这是有地层、有遗物，人类学家亲自从地层中发现的一个"扎赉诺尔人"

类丰富，精美适用，标志着当时该地区采集和渔猎经济已较为发达。

沙子山遗址位于扎赉诺尔站南约10公里的沙子山，在全国第二次文物普查期间，于此采集到石核、石叶、刮削器、尖状器、砍砸器、石镞等细

[4] 本表由扎赉诺尔博物馆提供。

石器300余件。

五七农场遗址位于达兰鄂罗木河注入呼伦湖湖口西侧的二级阶地上。2011年的抢救性发掘清理了四座墓葬，出土数量较多的陶片、动物骨骼及石核、石叶、石镞等细石器，其中M4人骨的碳十四测定年代为公元前5480~前5320年。

小孤山石板墓群的发现使呼伦贝尔境内的青铜时代至早期铁器时代的石板墓群连接成线。该石板墓群位于小孤山东南坡，占地约28万平方米，南北长90米，东西宽300米。墓葬地表平面多呈长方形，长约3米，宽近2米。此外，还有呈正方形、梯形或平行四边形的，大小不等。墓葬共21座，分布密集、排列有序。该类石板墓群在扎区尚属首次发现，对于研究该地区古代民族墓葬形制、埋葬习俗及分布与迁徙范围具有重要的学术价值。

《魏书》载，拓跋鲜卑传五世至推寅时，"南迁大泽，方千余里，厥土昏冥沮洳。谋更南徙，未行而崩"[5]。"大泽"，即呼伦湖，可知该地区草原在拓跋鲜卑南迁中的重要地位。1959年至今，在扎区先后发现扎赉诺尔[6]和蘑菇山两处大型鲜卑墓群，在鲜卑考古中具有重大的学术意义（表2）。其中

表2 考古勘探及发掘大事记[7]

编号	发掘时间	发掘单位	发掘地点	发现及清理墓葬数
1	1959年4月	内蒙古文物工作队	扎赉诺尔墓群	清理2座
2	1960年夏	同上	同上	清理31座
3	1984年7月	呼伦贝尔盟文物工作站	同上	清理1座
4	1986年5月	内蒙古自治区文物考古研究所	同上	清理15座
5	1994年6月	呼伦贝尔盟文物工作站	同上	清理3座
6	1996年	同上	同上	清理2座
7	2011年5月	中国社会科学院考古研究所内蒙古第一工作队、呼伦贝尔民族博物院、满洲里市文物管理所、扎赉诺尔区文物管理所	蘑菇山墓群	清理7座
8	2012年7月	同上	同上	清理5座

[5] 《魏书》卷一《序纪第一》，北京：中华书局，1974年，页2。

[6] 李逸友：《扎赉诺尔古墓为拓跋鲜卑遗迹论》，载《中国考古学会第一次年会论文集》，北京：文物出版社，1980年，页328~331。

[7] 本表由扎赉诺尔博物馆提供。

扎赉诺尔墓群前后共发掘清理54座墓葬。蘑菇山古墓群在2011、2012年度分别经过两次抢救性发掘，共清理出12座墓葬。扎赉诺尔墓葬年代从西汉末年到东汉末年，蘑菇山墓葬的年代可下延至北朝时期，这证实上引《魏书》所载，表明拓跋鲜卑于此不仅完成了由森林到草原、由游猎到游牧的历史转变，而且在继续南迁之后尚有世居于此者。

扎赉诺尔墓群位于扎区达兰鄂罗木河[8]东岸坡地上，坡地高20余米，长500余米，属东汉时期拓跋鲜卑族墓地[9]。1959年首次发现，截至目前，共发掘清理了54座墓葬。墓坑排列密集，均为长方形竖穴，一般长2米左右，宽0.5~1、深1~3米不等，墓穴内桦木棺多有盖无底。绝大多数为仰身直肢单人葬，随葬陶器、铜器、铁器、骨器、金器、玉器以及丝织品、桦木器、珠饰、贝壳等，有牛头和马头随葬习俗。该墓群规模之大、数量之多、保存之好在呼伦贝尔草原罕见，为研究东汉拓跋鲜卑社会和习俗提供了重要的实物资料。2006年6月，扎赉诺尔墓群被评为"第六批全国重点文物保护单位"。

蘑菇山鲜卑墓群[10]位于扎区蘑菇山西侧。已清理的12座墓葬均为土坑竖穴墓，葬式有单人葬、双人葬及二次葬，随葬金器、铜器、铁器、骨器、珠饰、漆器及动物骨骼等，陶罐、壶均放置在头骨两侧，只殉葬牛、马、羊的蹄骨，在墓葬回填土中大量堆放石块。其中M8是已发掘的墓葬中规格最高的一座，墓主人颈部佩戴一件弧形的玛瑙坠饰及成组的珠饰，左、右腕部各佩戴一件玉环及成组的珠饰，腰部出土一条包裹薄金片的腰带，金腰带上刻有花纹。从墓葬形制和随葬品的特征看，M8墓主人生前拥有较高的政治地位和社会身份，应为当时社会的统治者，或已具有了鲜卑"王"者的身份。这是继扎赉诺尔墓群后拓跋鲜卑考古的又一重大发现，为研究"大泽"地区在拓跋鲜卑南迁前后的状况提供了重要资料。2014年，该墓群被评为"内蒙古自治区级文物保护单位"。

在扎赉诺尔墓群出土的铜器、铁器，如双耳铜鍑和各种动物性牌饰、锻制的马具以及环首刀等工具或武器，受匈奴文化的影响较为突出。双耳陶罐和角器上刻划的"龙形"纹饰、出土的汉代"规矩铜镜"残片和"如意"纹织锦以及木胎漆奁，都表明拓跋鲜卑在推寅率领下"南迁大泽"生活的近200年间，始终与中原王朝有着密切的经济、文化联系。蘑菇山墓群几乎每座墓葬都有珠饰出土。这些珠子的质地包括玛瑙、绿松石、琥珀、木材等天然材料以及玻璃和陶土等人工材料。其中玻璃质地的珠子占绝

[8] 达兰鄂罗木河，又叫圈河、木图那雅河。

[9] 郑隆：《内蒙古扎赉诺尔古墓群调查记》，《文物》1961年第9期，页16~18；内蒙古文物工作队：《内蒙古扎赉诺尔古墓群发掘简报》，《考古》1961年第12期，页673~680；王成：《扎赉诺尔圈河古墓清理简报》，《北方文物》1987年第3期，页19~22；内蒙古文物考古研究所：《扎赉诺尔古墓群1986年清理发掘简报》，《内蒙古文物考古文集》第一辑，北京：中国大百科全书出版社，1994年，页369~383；陈凤山、白劲松：《内蒙古扎赉诺尔鲜卑墓》，《内蒙古文物考古》1994年第2期，页27~30。

[10] 陈凤山、哈达：《内蒙古满洲里市蘑菇山发现古墓群》，《草原文物》2012年第2期，页26~28。

大多数，比例在90%以上。在这些玻璃珠中发现有源自古罗马帝国的夹金（银）玻璃珠[11]，这表明草原地带在当时已经拥有强大的贸易、交流能力。

为防御乌古、敌烈和阻卜等民族，辽廷在蒙古草原建立军事城郭，驻兵防御，1960年发现的巨姆古城就是辽廷为了防御叛服无常的乌古部而建的边防城。该城位于扎赉诺尔墓群以南0.5公里处的达兰鄂罗木河东岸，城墙残留比较低矮，西墙已被河水冲没，其余三面城墙高1米有余[12]，东墙长249、南墙长124、北墙长195米，东墙中部有一高约1.5米的平台，方向为15°。城中散布有大量的细泥灰陶残片，多为轮制，火候较高，纹饰多为篦齿形，与辽代中京、上京等遗址出土的陶片相同。

2003年，在呼伦湖东岸乌尔逊河入湖口又发现一座辽代城址，城墙大部坍塌，只有少数几处依稀可辨。遗址地表散落大量细泥灰陶片，手制或轮制。同时，还可见石器、铁器、马鞍饰物以及青铜镞、夹砂粗陶罐、煤精制品、铜饰件、白釉闪青瓷片和后周及北宋时期钱币等。遗址附近还有大量墓葬，尸骨已裸露在地表。初步考证该城为辽代"皮被河古城"。

此外，一些零星的发现也颇具学术价值。如1996年在小河口遗址出土的112件青铜镞。该遗址在呼伦湖北岸，达兰鄂罗木河与呼伦湖交口处（此处俗称"小河口"）东200米。这批青铜镞器形一致，而大小不一，均为三翼形，青铜浇铸，表面有绿色锈蚀。三翼均带有较锋利的刃，刃部经过打磨，大部分为直线形，也有少部分为弧形，三翼的结合部正中底部有一个圆孔可插入箭杆，圆形孔上部的三翼均有长方形孔[13]。除了青铜镞之外，还伴出一些人骨和动物骨骼。1999年夏末，在距离出土青铜镞不足50米处的同一层位中，又出土一具用桦树皮缝制的棺材，长不足1米。值得注意的是，墓主只有一个完整的头骨而无躯干及肢骨。其头骨上覆盖一块叠得十分整齐的织锦，约十余层，因风化已看不清原来的色泽和纹路。该墓或为二次葬，可能属于拓跋鲜卑迁徙到大泽早期的墓葬。

呼伦湖周围的草原因其特殊的地理和环境优势成为游牧民族的文化摇篮。继鲜卑之后，不仅契丹、女真建立的政权如此，蒙古族也不例外。《蒙古秘史》载，蒙古族的祖先带领部众迁至以腾吉思海(今呼伦湖)为中心的草原地带，其后，在铁木真的带领下逐渐占领整个呼伦贝尔草原，为蒙古帝国的建立奠定了基础。

[11] 中国社会科学院考古研究所内蒙古第一工作队提供标本，经北京大学考古文博学院检测初步结果。

[12] 郑隆：《内蒙古扎赉诺尔发现一座古城》，《考古》1961年第11期，页588。

[13] 殷焕良：《内蒙古新巴尔虎左旗出土青铜镞》，《北方文物》1997年第4期，页63。案，此次所出青铜镞全部被满洲里市文化局收藏，此后又出土的26枚青铜镞，则由新巴尔虎左旗文物管理所管理。

SUMMARY OF ETHNIC CULTURAL RELICS AND ARCHAEOLOGY IN JALAINUR DISTRICT

LIU GUOXIANG
BAI JINSONG
SHEN RUIWEN

Jalainur District (49°19′12″-49°46′05″ N, 117°12′46″ - 117°53′30 ″ E) is located on the western slope of the Greater Khingan Mountains and in the west of the Hulunbuir Grassland, adjacent to Donghu District of Manzhouli City and Xin Barag Left Banner. Its total area is 279.5 square kilometers. Jalainur District is in the semi-arid continental climate zone. It is also an important part of Hulunbuir Grassland, so it becomes an excellent base of animal husbandry for its 31794.2 acres native pasture. More than 10 kinds of mineral resources have been ascertained in the district, such as coal and agate. Hulun Lake, the biggest lake of North China, has been a key place for local people to make a living by fishing and shrimping.

People have been living here since 20-30 thousand years ago.

In Late Pleistocene, it was suitable for mammals to live in the Hulun Lake area, such as mammuthus, coelodonta antiquitatis, bison (P.) exiguus, spirocerus, cervus elaphus, equus, equus hemionus and copreolus manchuricus. They were named Jalainur Mammalian Fauna. Bones of these ancient animals were discovered when coal was mined in Jalainur. Among those, fossils of mammuthus and coelodonta antiquitatis are best-known.

In 1980, two fossils of mammuthus were discovered in Jalainur open-pit coal mine. Most of the No.1 fossil was damaged, but 70% of the No.2 was kept intact. The No.3 was discovered in 1984, 90% of which survived. As one of the fossils of the mammuthus trogontherii, the No.2 is the biggest fossil of mammuthus unearthed in China[1], with the height of 475cm, length of 900cm, length of incisor 310cm and age of death 45. The 10 coprolites in its stomach were the first ones found in China. According to the Carbon-14 dating result, it lived 33760±1700 years ago.

In 1980, two fossils of coelodonta antiquitatis were also discovered in Jalainur open-pit coal mine. They lied on their sides facing each other. The male was a little bigger than the female (Height 190cm, 180cm; Length 360cm, 340cm). Both of them were middle-aged, living about 33,000 years ago.

The discovery of late Paleolithic sites at Mogushan and Xiaogushan indicate that human beings appeared in Hulunbuir 20 to 30 thousand years ago, filling the gaps in paleolithic archaeology of this region.

Mogushan is located on the northern slope, the southern slope and the mountain top. The site was investigated by Wang Yuping in 1980 and 1990. Over 100 stone implements were discovered, including choppers, points, scrapers and percuteurs. These artifacts were produced by hammering, similar to the manufacturing method used at the Dayao workshop.

Xiaogushan is situated on the southern slope of the mountain top. 14 stone implements, such as flakes and scrapers, were discovered in the site by Wang Yuping in 1990. Together with the Mogushan site they belong to the same archaeolgical culture and date.

The Jalainur Culture has been researched by scholars from Russia, France and Japan since 1927. A human skull was discovered in Jalainur coal mine in 1933. It was named "Jalainur Man" by Endo Ryuji and dated to the late paleolithic or early neolithic age. 16 fossils of Jalainur Man's skull have been discovered up to now, 3 of which are relatively complete (Table 1). In addition, stone cores, flakes, axes and large number of fossils were unearthed from the same stratum. In 1948, Pei Wenzhong put forward his theory of the "Jalainur Culture". But this is controversial due to its uncertain stratification[2]. In 2005, a national mining park was approved by the Ministry of Land and Resources to be established in Jalainur.

Table1　Statistics of Unearthed Jalainur Man's Bones

NO.	Time	Excavation	Excavator(s)	Collected by
1	1933	Unearthed from the southern pit of Jalainur open-pit coal mine. The fossil of the skull belongs to a woman in her prime.	Gu Zhenquan	Institute of Vertebrate Paleontology and Paleoanthropology, CAS
2	Sep. 1943	Unearthed from the No.3 Coal Mining Unit in Jalainur. The fossil of the skull belongs to a man	Kano Kinsaburo	
3	Sep.1944	Unearthed from a hill near the No.3 Coal Mining Unit in Jalainur. Male	Pei Wenzhong Endo Ryuji	
4	1973	Skull of a Woman	Jin Changmao Yu Fengge Wei Zhengyi	Heilongjiang Museum
5	1973	Damaged Skull		
6	1973	Damaged Piece		
7	Spring of 1975	A Man's Skull	Hao Side	
8	Spring of 1975	A Man's Cervical Vertebra		
9	Spring of 1975	An Infant's Skull, Damaged		

[1] Cheng Hongdao, Wei Zhengyi, Wang Zhengyi, Fossils of Mammuthus Unearthed in Jalainur, *Vertebrata Palasiatica*, 1982(1), pp.88-89.

[2] Zhang Senshui, Discussion on the age of Jalainur Culture, *Acta Anthropologica Sinica*, 1984(11), pp.392-394.

NO.	Time	Excavation	Excavator(s)	Collected by
10	Jul. 1975	Unearthed from the NO. 528 Station in the north of the open-pit. An Infant's Skull, Damaged	Qu Baoyuan	
11	Jul. 1978	Skull	Pei Wenzhong	
12	Nov. 1979	Skull	Qu Baoyuan	
13	Nov. 1979	Fossil of Human Skull (unprovenanced)	Qu Baoyuan	Inner Mongolia Museum
14	1981	Skull without Mandible, and 8 Upper Teeth	Wang Zhengyi Wang Mingquan	Jalainur National Mining Museum
15	1981			
16	Jul.1982	Unearthed from No. 536-545 Sand Layers of the open-pit. Skull without Mandible, Limb Bones with Burning Mark, Stone Implements and Animal's Mandibles	Lin Yipu	A Jalainur Man discovered by anthropologist with strata information and cultural remains

Neolithic sites such as Shazishan, Wuqi Farm, Lingquan, and Lingquan South were discovered in Jalainur. Large quantities of microlithes were unearthed, including scrapers, blades, cores, and arrowheads. These indicate that collecting, fishing and hunting were developed in the region.

Shazishan is 10 kilometers to the south of the Jalainur Station. More than 300 microlithes such as cores, blades, scrapers, points, choppers, and arrowheads were discovered there during the Second National Cultural Relics Survey.

Wuqi Farm is near the terrace to the west side of the Hulun Lake. 4 tombs were excavated in 2011 and many pottery shards, animal bones and microlith such as cores, blades and arrowheads were unearthed. Human bones of tomb M2 were radiocarbon dated and the result was 5480-5320 BC.

Xiaogushan cist tombs are situated on the southeastern slope, covering an area of 280 thousand square meters. There are 21 tombs distributed densely and orderly. This kind of cist tomb was first found in Jalainur, and is of great value in studying tomb distribution, burial customs, and migration perimeters.

According to the records of *Weishu*, during the reign of the fifth king, Tuiyin,

Tuoba Xianbei moved southward to *Daze*. Tuiyin intended to move further south but unfortunately passed away before the plan had been carried out. *Daze* in *Weishu* refers to the Hulun Lake, from which we can understand the significance of the region in the southbound migration of Tuoba Xianbei. Discoveries of the Jalainur and Mogushan Xianbei cemeteries since 1959 have been of great value in Xianbei archaeology (Table 2). 54 tombs of the Jalainur cemetery and 12 of the Mogushan cemetery were excavated. The Jalainur cemetery dates from late Western Han to late Eastern Han period, while the Mogushan cemetery dates to as late as the Northern Dynasties, confirming the records of *Weishu*. It suggests not only that Tuoba Xianbei had transformed its subsistence pattern from hunting to pasturing, but also that there were still people living here after they moved further south.

The Jalainur cemetery is located on the eastern bank of the Quan River, and it has been confirmed as to consist of Tuoba Xianbei tombs of the Eastern Han period.

Table2   Statistics of All Previous Excavations of Xianbei Tombs in Jalainur and Mogushan Mountain

No.	Time	Excavator(s)	Place	Amount of Tombs Excavated
1	Apr. 1959	Team of Inner Mongolia Cultural Relics	Jalainur cemetery	2
2	Summer of 1960	Ditto	Ditto	31
3	Jul. 1984	Hulunbuir Cultural Relics Station	Ditto	1
4	May. 1986	Institute of Cultural Relics and Archaeology, Inner Mongolia	Ditto	15
5	Jun. 1994	Hulunbuir Cultural Relics Station	Ditto	3
6	1996	Ditto	Ditto	2
7	May. 2011	No.1 Team in Inner Mongolia, Institute of Archaeology, CASS; Hulunbuir National Museum; Manzhouli Cultural Relics Management Center; Jalainur District Cultural Relics Management Center	Mogushan cemetery	7
8	Jul. 2012	Ditto	Ditto	5

54 tombs have been excavated since 1959. The tombs were densely distributed. Most of the birch coffins were covered with lids but bottomless. Corpses were arranged in extended supine position. Joint burials are rare. Pottery, bronzes, ironware, bone artifacts, gold artifacts, jade, fabrics, birch artifacts, beads and shells were excavated from the tombs. Bull and horse heads were buried in the tombs. The tombs have provided important materials for studying the society and customs of Tuoba Xianbei in Eastern Han period. Since June 2006 Jalainur cemetery has been listed as one of the important cultural sites under state protection.

The Mogushan cemetery[3] is located in the west of the mountain. Gold artifacts, bronzes, ironware, bone artifacts, beads, lacquerware and animal bones were excavated from the tombs. Pottery jars and vessels were placed on both sides of the head. Hoof bones of bulls, horses and goats were buried in the tombs. Plenty of stones were discovered in the banquette. From the excavated agate ornaments, beads and exquisite belt, we can learn that tomb M8 was of the highest rank and it is possible that the occupant was a king of Xianbei. As another important site discovered after the Jalainur cemetery, it has provided important information for studying the history of Tuoba Xianbei, especially the history after they moved south. Since 2014, the Mogushan cemetery has been listed as one of the important cultural sites under autonomous region protection.

Bronze cauldron with two ears, animal-shaped plaques and forging horse gear unearthed from Jalainur were greatly influenced by the Xiongnu culture. Pottery jars with two ears, horn with dragon design and mirror with banding design of standard beast figures suggest that Tuoba Xianbei stayed in touch with kingdoms in the Central Plains all the time during the almost 200 years when migrating to the Hulun Lake. It is notable that beads were discovered in almost all tombs at Mogushan, over 90% of which were glass beads. According to a preliminary test by the School of Archaeology and Museology at Peking University, among those glass beads there are beads from the Roman Empire, which indicate the flourishing commerce and communication in the steppe.

The Jumu city site discovered in 1960 was a border city built by the Liao Dynasty against other ethnic groups[4]. There are large number of pottery shards scatted on the ground. They are similar to the pottery shards unearthed in the capitals of the Liao Dynasty in their wheel-made method and comb-shaped design.

Another city site of the Liao Dynasty was discovered in 2003 near the Hulun Lake. Stoneware, ironware, saddle ornaments, bronze arrowheads, pottery jars, coins of Later Zhou and Northern Song were discovered in the city ruins. Also, there are many tombs near the city ruins, with skeletons exposed on the ground. It is possible that this is the Pibeihe city of the Liao Dynasty.

In addition, there were some important sporadic discoveries, for instance the 112 bronze arrowheads and bones unearthed in 1996 from the Xiaohekou site[5]and a birch bark coffin discovered nearby in 1999. It is noteworthy that the occupant of the coffin only had a skull covered with fabric. The occupant was likely to have been buried twice in the early period of Tuoba Xianbei's migrating to the Hulun Lake.

[3] Chen Fengshan and Hada, Tombs were discovered in Mogushan Mountain in Manzhouli in Inner Mongolia, *Steppe Cultural Relics*, 2012(2), pp.26-28.

[4] Zheng Long, An Ancient City Was discovered in Jalainur in Inner Mongolia, *Archaeology*, 1961(11), p.588.

[5] Yin Huanliang, Arrowheads Were Unearthed in Xin Barag Left Banner in Inner Mongolia, *Northern Cultural Relics*, 1997(4), p.63.

The grassland around the Hulun Lake has become the cradle of the nomads because of its natual environment. Mongolian people rose after Xianbei, Khitan and Jurchen. According to *The Secret History of Mongols*, the ancestors of the Mongolian people moved to the grassland around the Hulun Lake. They later occupied the entire Hulunbuir Grassland under Ghinggis Khan, laying the foundations for the Mongol Empire.

图版
PLATES

图版目录 Contents of Plates

晚更新世

Late Pleistocene

约126000（±5000年）～10000年前
BP126000（±5000）-10000

海拉尔大湖湖水退去，海拉尔河、伊敏河等河流出现。呼伦湖地区成为"扎赉诺尔哺乳动物群"的主要活动区域。历经三次冰期活动后，随着自然环境的好转，呼伦贝尔的史前文化也渐次展开。

Rivers such as the Hailar and Yimin River came out as the great Hailar Lake receded. Thus the Hulun Lake region became the main area of Jalainur Mammalian Fauna. After three glacial stages, the prehistoric culture in Hulunbuir gradually unfolded as the natural environment improved.

猛犸象
Mammuthus

晚更新世
高280、体长530、门齿长182厘米
Late Pleistocene
Height 280cm; Length of the Body 530cm; Length of the Incisor 182cm

扎赉诺尔博物馆征集
扎赉诺尔博物馆藏

浅褐色，骨骼整体比较松散，石化程度较高。头骨短而高，顶部正视呈穹形，额部下凹，门齿长，向上、向外曲卷。臼齿数目多，排列均匀紧密，釉质层薄。上颚、下颌骨紧闭，上臼齿保存较全，左右门齿与牙管衔接处有断裂，裂隙较大。左、右桡骨保存较全，颈椎、胸椎与尾椎基本保存完好，左、右手骨分别保存20块完整骨骼，左、右脚骨分别为17块和18块完整骨骼。

2号猛犸象（距今33760±1700年）在我国是第二具、在内蒙古自治区是第一具较完整的猛犸象化石骨架，也是我国已知古象化石标本中最大的一具。其埋藏环境属于泥石混杂、无层理、冰水沉积物，且有泥炭混在其中，距地表40米深。它的身体朝西偏北，呈侧卧状态，骨骼没有散架，相对位置正常。只是头部朝下，后脚掌因骨折朝天。该象第二白齿尚未磨蚀完，第三白齿刚开始使用，说明它正处于最后一次"换牙"期间，刚进入壮年，年龄大约45岁。修复、装架后的古象骨架，身高475、长900、门齿长310、门齿根部直径110厘米。

1980年扎赉诺尔区露天矿区2号猛犸象发掘现场
Excavation of the No.2 Mammuthus in Jalainur
Open-pit Mine in 1980

1984年扎赉诺尔区露天矿区3号猛犸象发掘现场
Excavation of the NO.3 Mammuthus in Jalainur Open pit Mine in 1984

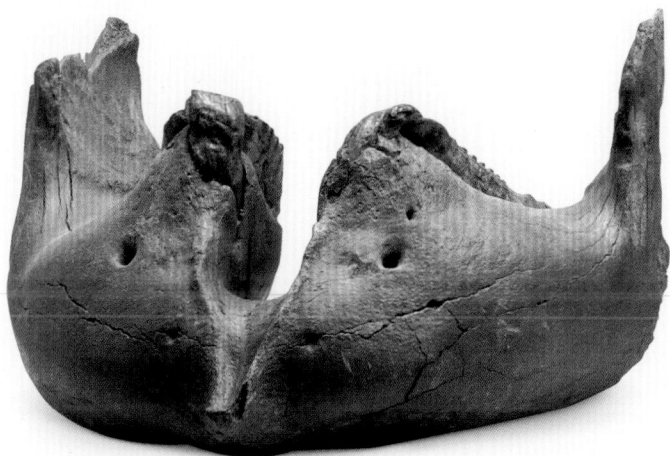

猛犸象下颌骨
Mandible of a Mammuthus

晚更新世
高33、长60、宽58厘米
Late Pleistocene
Height 33cm; Length 60cm; Width 58cm

扎赉诺尔区露天矿区出土
扎赉诺尔博物馆藏

　　深褐色，石化程度较高，坚硬。臼齿是由许多齿板组成，齿板排列紧密，磨蚀后呈近于平行的直线，釉质层薄，褶皱细致，较规则。颏孔左下方和左侧下颌支断裂。

猛犸象门齿
Incisor of a Mammuthus

晚更新世
长234、直径16厘米
Late Pleistocene
Length 234cm; Diameter 16cm

扎赉诺尔区露天矿区出土
扎赉诺尔博物馆藏

深褐色，石化程度较大，
坚硬，门齿粗大，并向上、外
弯曲，整体保存较好。

猛犸象肱骨
Humerus of a Mammuthus

晚更新世
高26、长100、宽15～29厘米
Late Pleistocene
Height 26cm; Length 100cm; Width 15-29cm

捐赠，情况不详
扎赉诺尔博物馆藏

　　浅褐色，石化程度较大，左端为半球形的肱骨头，肱骨右端的内、外侧部各有一凸起。

猛犸象臼齿
Molar Teeth of a Mammuthus

晚更新世
高8.5～10、长19～27、宽15～19厘米
Late Pleistocene
Height 8.5-10cm; Length 19-27cm; Width 15-19cm

扎赉诺尔区露天矿区出土
扎赉诺尔博物馆藏

　　一组三个，石化程度较高，臼齿是由许多齿板组成的，数目较多，排列紧密，釉质层薄，磨蚀后呈近于平行的直线。部分臼齿断裂。

披毛犀
Coelodonta Antiquitatis

晚更新世
高170、长396厘米
Late Pleistocene
Height 170cm; Length 396cm

扎赉诺尔博物馆征集
扎赉诺尔博物馆藏

骨骼保存完整，整体呈浅褐色。牙齿保存较完整，头骨长而大，头部和颈部向下低垂。臼齿齿冠很高，数目较多，排列均匀紧密。额上与鼻上有犀角痕迹，脊骨高凸。

披毛犀头骨
Cranium of a Coelodonta Antiquitatis

晚更新世
高56、长74、宽30厘米
Late Pleistocene
Height56cm; Length 74cm; Width 30cm

扎赉诺尔博物馆征集
扎赉诺尔博物馆藏

　　头骨长而巨大，呈浅黄色，表面粗糙，鼻骨残留长有犀角的痕迹，前端的犀角痕迹长25、宽17厘米，后面的长13.5、宽13厘米。臼齿齿冠很高，数目较多，排列均匀紧密，牙齿有20颗，下牙有残留牙床两处，下颌骨完整。

原始牛头骨
Cranium of a Bos Primigenius

晚更新世
高66、长48、额宽27厘米
Late Pleistocene
Height 66cm; Length 48cm; Width of the
Forehead 27cm

扎赉诺尔区露天矿区出土
扎赉诺尔博物馆藏

　　头骨为棕色，较为光滑，额骨宽而平整，眼眶成管状向前突出，两角向上向前生长，角尖端向前，弯曲较大，较为狭长，左角长58、右角长64厘米，表面粗糙有条状纹理。上下共有24颗臼齿，较为发达，排列紧密。

东北野牛头骨
Cranium of a Bison (P.) Exiguus

晚更新世
高58、长46、额宽30厘米
Late Pleistocene
Height 58cm; Length 46cm;
Width of the Forehead 30cm

扎赉诺尔区露天矿区出土
扎赉诺尔博物馆藏

　　野牛属，头骨为棕色，较为光滑，额骨宽，向上有不同程度的隆起，眼眶成管状向前突出，两角向后与头骨纵轴成70°左右，然后又向上升起，至与额骨平行或高于额面。上下共有24颗臼齿，较为发达，排列紧密。两角弯曲，均长38厘米，较为粗壮。表面粗糙，有条状纹理。

野马头骨
Cranium of a Equus

晚更新世
高35、长48、宽22厘米
Late Pleistocene
Height 35cm; Length 48cm; Width 22cm

扎赉诺尔区露天矿区出土
扎赉诺尔博物馆藏

　　棕褐色，整体窄而长，骨骼表面较光滑，顶部正视呈菱形，额部平缓，两颊略凹，吻部窄长前伸，下颌发达，共保存有7对门齿和12对臼齿，均排列整齐。

东北野牛
Bison (P.) Exiguus

晚更新世
高176、长292厘米
Late Pleistocene
Height 176cm; Length 292cm

扎赉诺尔博物馆征集
扎赉诺尔博物馆藏

　　野牛属，骨骼保存完整，整体呈浅褐色。牙齿保存较完整，臼齿数目较多，排列均匀紧密。额骨宽，向上有不同程度的隆起，眼眶呈管状向前突出。角长46.5~49厘米，两角与头骨纵轴成70°，然后又向上升起，并高于额面，脊骨高凸。

鬣狗头骨
Cranium of a Hyaena

晚更新世
高20、长34、宽22厘米
Late Pleistocene
Height 20cm; Length 34cm; Width 22cm

扎赉诺尔区露天矿区出土
扎赉诺尔博物馆藏

黑褐色，十分粗壮，表面可见发达结节，整体比例呈头长吻短，额部窄而高，上颌支发达，向两侧强烈突出，下颌整体短粗健壮，保存有六对门齿，两对犬齿和六对臼齿，排列稀疏。

转角羊角
Horn of a Spirocerus

晚更新世
长28、直径1.1~7.5厘米
Late Pleistocene
Length 28cm; Diameter 1.1–7.5cm

2012年扎赉诺尔博物馆征集
扎赉诺尔博物馆藏

　　羚羊角，棕色，整体呈螺旋圆锥状，表面粗糙，质地坚硬。

马鹿角
Antler of a Cervus Elaphus

晚更新世
长21.5、最大径3.5厘米
Late Pleistocene
Length 21.5cm; Diameter less than 3.5cm

2012年扎赉诺尔博物馆征集
扎赉诺尔博物馆藏

　　黄棕色，表面较为光滑，有裂缝。质地紧密，顶端尖锐。

葛氏斑鹿鹿角
Antler of a Cervus (P.) Grayi

晚更新世
通长86、分枝长18~35厘米
Late Pleistocene
Full Length 86cm; Length of the Branches 18–35cm

扎赉诺尔区露天矿区出土
扎赉诺尔博物馆藏

整体坚硬，已石化，基部断面为灰黄色骨质。基部周边分布不规则瘤状凸起，亦称"珍珠盘"。鹿角表面灰黄色，有光泽，底部粗壮，有疣状凸起和长短不等的断续纵棱，至角尖处逐渐细而平滑，并向内弯折。鹿角共分六枝，其中主枝弯曲，侧枝都向同一侧伸展。第一枝与珍珠盘相距较近，与主干呈钝角伸出，第二枝靠近第一枝伸出，习称"坐地分枝"。第二枝与第三枝、第四枝第五枝相距较远。

肿骨鹿鹿角
Antler of a Megaloceros Pachyosteus

晚更新世
长72、宽84厘米
Late Pleistocene
Length 72cm; Width 84cm

扎赉诺尔区露天矿区出土
扎赉诺尔博物馆藏

　　角非常粗壮，眉枝垂直扁平，
主枝为圆筒状，远端呈掌状分枝。
整体为浅黄褐色，有裂痕。

旧石器时代

Paleolithic Age

约30000～20000年前
BP30000-20000

在旧石器时代晚期，扎赉诺尔地区就有古人类生活，并与华北地区联系密切。1980年和1990年，蘑菇山和小孤山两个旧石器遗址的发现，填补了呼伦贝尔草原旧石器时代考古的空白，构成呼伦贝尔地区史前文化发展序列的重要一环。

During the late paleolithic period, there were ancient people living here and they were closely associated with those in North China. The discovery of Mogushan site in 1980 and Xiaogushan site in 1990 filled the gap in Hulunbuir paleolithic archaeology, becoming an important part of development sequence of prehistoric culture of Hulunbuir.

扎赉诺尔区小孤山旧石器遗址远景（由北往南）
Distant Shot of Xiaogushan Paleolithic Site in Jalainur District (From North to South)

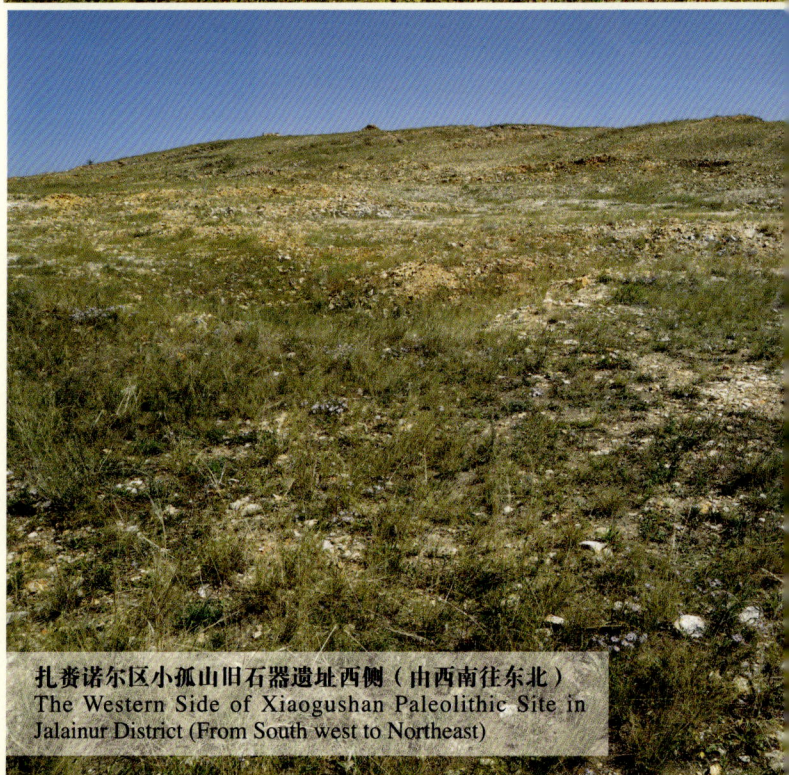

扎赉诺尔区小孤山旧石器遗址西侧（由西南往东北）
The Western Side of Xiaogushan Paleolithic Site in Jalainur District (From South west to Northeast)

砍砸器
Stone Chopper

旧石器时代
长7.5、宽5.6、厚1.5厘米
Paleolithic Age
Length 7.5cm; Width 5.6cm; Thickness 1.5cm

2009年6月扎赉诺尔区小孤山遗址采集
扎赉诺尔博物馆藏

　　平面大致呈扇形，手执处呈直角，刃部呈弧形，不甚锋利。表面粗糙，凹凸不平，有打制痕迹。

扎赉诺尔区小孤山旧石器遗址西侧（由西往东）
The Western Side of Xiaogushan Paleolithic Site in Jalainur District (From West to East)

砍砸器
Stone Chopper

旧石器时代
长12.9、宽10.7、厚2.1厘米
Paleolithic Age
Length 12.9cm; Width 10.7cm; Thickness 2.1cm

2009年6月扎赉诺尔区小孤山遗址采集
扎赉诺尔博物馆藏

　　黄色，夹杂褐色、黑色。整体呈不规则椭圆形。手执部分较小，周边几乎都被打制成刃，刃部较圆顿，大致呈齿状。器体表面凹凸不平，但手感滑润。

砍砸器
Stone Chopper

旧石器时代
长10.8、宽8.7、厚1.6厘米
Paleolithic Age
Length 10.8cm; Width 8.7cm; Thickness 1.6cm

扎赉诺尔区小孤山遗址采集
扎赉诺尔博物馆藏

　　灰褐色，器体扁平，为不规则形，一端较厚，便于手握，有人工打制痕迹。一端较薄打制成圆弧刃。

砍砸器
Stone Chopper

旧石器时代
长9.5、宽7、厚0.7~1.8厘米
Paleolithic Age
Length 9.5cm; Width 7cm; Thickness 0.7–1.8cm

2009年扎赉诺尔区小孤山遗址出土
扎赉诺尔博物馆藏

　　砾石，由一大石片修理而成。劈裂面较圆滑，呈土黄色，上可见明显椎状体，另一面保存石皮，有修疤。

砍砸器
Stone Chopper

旧石器时代
最长9.6、最宽8.1、厚2.3厘米
Paleolithic Age
Length less than 9.6cm; Width less than 8.1cm;
Thickness 2.3cm

扎赉诺尔区小孤山遗址采集
扎赉诺尔博物馆藏

　　正面黄褐色，背面一半灰色，一半黄褐色，颜色有明显分界线，轮廓近圆角三角形，一侧边缘人工打制成内凹状，正面脊背凸起呈线状，背面为平面。

扎赉诺尔区蘑菇山旧石器遗址远景（由北往南）
Distant Shot of Mogushan Paleolithic Site in Jalainur
District (From North to South)

蘑菇山旧石器遗址是一处石器制造场，蘑菇山的顶部、南坡和北坡都有石器的遗留，主要器类为石锤、石片、刮削器、尖状器和砍砸器等。

砍砸器
Stone Choppers

旧石器时代
长11.7~20、宽7.8~9.7、厚3~5.7厘米
Paleolithic Age
Length 11.7–20cm; Width 7.8–9.7cm;
Thickness 3–5.7cm

扎赉诺尔区蘑菇山北遗址采集
扎赉诺尔博物馆藏

三件。砾石，不规则形状，打制而成，单面刃。

扎赉诺尔区蘑菇山旧石器遗址（由北往南）
Mogushan Paleolithic Site in Jalainur District (From North to South)

砍砸器
Stone Chopper

旧石器时代
长6.5、宽4.9、厚2.3厘米
Paleolithic Age
Length 6.5cm; Width 4.9cm;
Thickness 2.3cm

扎赉诺尔区蘑菇山遗址出土
满洲里市博物馆藏

　　灰褐色，器体呈不规
则长方形，器物一面凸起
一面低凹，有人工打制痕
迹（便于手握）。边缘打
制成圆弧刃。

扎赉诺尔区蘑菇山旧石器遗址局部（由北往南）
Close-up Shot of Mogushan Paleolithic Site in Jalainur District (From North to South)

砍砸器
Stone Chopper

旧石器时代
长13.4、宽9.4、厚4.8 厘米
Paleolithic Age
Length 13.4 cm; Width 9.4 cm; Thickness 4.8 cm

扎赉诺尔区蘑菇山北遗址采集
满洲里市博物馆藏

砾石，打制而成，顶部为砸击面，有明显修理痕迹，两侧有刃。

石尖状器
Stone Point

旧石器时代
长9.5、宽4.2、厚2.1厘米
Paleolithic Age
Length 9.5cm; Width 4.2cm; Thickness 2.1cm

扎赉诺尔区蘑菇山北遗址采集
扎赉诺尔博物馆藏

砾石，白色，轮廓呈不规则四边形。打制而成，破裂面内凹，有明显的修理痕迹。

石斧
Stone Axes

旧石器时代
长6.8~11.2、宽5.6~8.8、厚1.4~3厘米
Paleolithic Age
Length 6.8–11.2cm; Width 5.6–8.8cm; Thickness 1.4–3cm

扎赉诺尔区蘑菇山遗址采集
呼伦贝尔民族博物院藏

　　三件。褐色，正面中间较厚，有压剥痕迹，均有明显凸棱，边缘渐薄，刃部锋利，凹凸不平。背面颜色深于正面，均较光滑，两件外凸，一件内凹。

刮削器
Stone Scrapers

旧石器时代
长9.1~9.2、宽6.6~7.8、厚2.1~2.2厘米
Paleolithic Age
Length 9.1–9.2cm; Width 6.6–7.8cm; Thickness 2.1–2.2cm

扎赉诺尔区蘑菇山北遗址采集
满洲里市博物馆藏

　　三件。其中青绿色两件，棕色一件，打制而成。前者表面夹杂有土黄色圈，近三角形，器表光滑，可见明显打制痕迹，刃部较锋利。后者表面发黑，近菱形，器表粗糙，打制痕迹较明显，刃部残损较重。

刮削器
Stone Scrapers

旧石器时代
长7.5~15.1、宽4.2~9、厚0.9~4.4厘米
Paleolithic Age
Length 7.5–15.1cm; Width 4.2–9cm; Thickness 0.9–4.4cm

扎赉诺尔区蘑菇山北遗址采集
扎赉诺尔博物馆藏

　　七件。皆为不规则刀状，器表粗糙，有明显打制
痕迹，刃部不甚锋利。

新石器时代
Neolithic Age

约7000～4000年前
BP7000-4000

　　沙子山、五七农场、灵泉、灵泉南等多处新石器时代遗址，出土大量的刮削器、石叶、石核、石镞等细石器，标志着当时扎赉诺尔地区采集和渔猎经济已较为发达。

Large numbers of microliths such as scrapers, blades, cores, and arrowheads were unearthed in many neolithic sites like Shazishan, Wuqi Farm, Lingquan and Lingquan South, which indicated the flourish of collecting, fishing and hunting economy at that time in Jalainur.

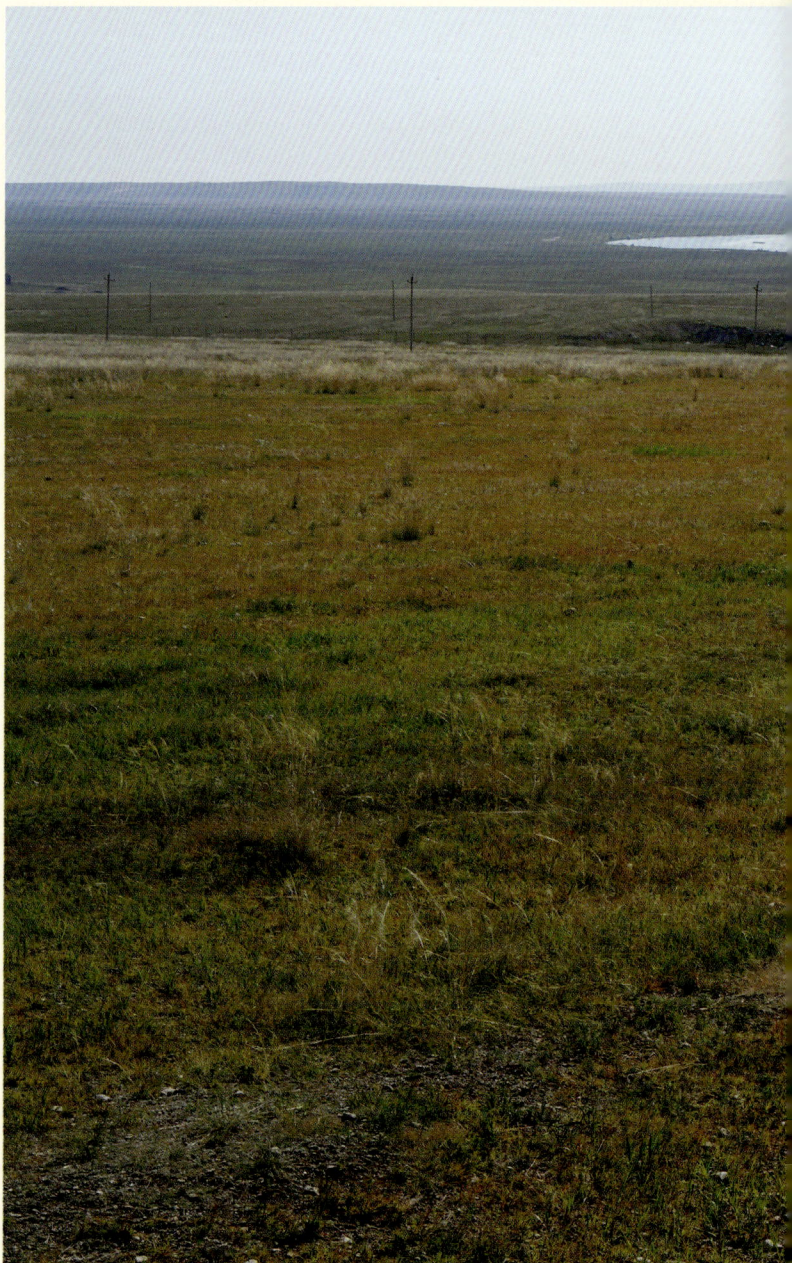

扎赉诺尔区五七农场新石器遗址（由北往南）
Wuqi Farm Neolithic Site in Jalainur District (From North to South)

　　遗址位于达兰鄂罗木河注入呼伦湖湖口西侧的二级阶地上。2011年，发掘清理四座墓葬，出土大量的陶片、动物骨骼及石核、石叶、石镞等细石器，其中M4墓葬人骨经碳十四测定，年代为公元前5480~前5320年。

石核
Stone Cores

新石器时代
长2.4~3.5、底径0.8~2.4厘米
Neolithic Age
Length 2.4–3.5cm; Bottom Diameter 0.8–2.4cm

2008年扎赉诺尔博物馆征集
扎赉诺尔博物馆藏

　　11件。颜色有黑、红、白、灰褐等。器体多呈圆锥状，棱面分布不均匀，有不规则纵向压剥痕迹。上部多尖锐，底部多呈圆形或椭圆形，且较平整。

石核
Stone Core

新石器时代
长7.1、宽5.2、厚3.5厘米
Neolithic Age
Length 7.1cm; Width 5.2cm; Thickness 3.5cm

1975年扎赉诺尔区沙子山遗址采集
满洲里市博物馆藏

　　燧石，深黄色，有多个打击台面，采用锤击法、压剥法剥片，石片疤痕深浅不一。

刮削器
Stone Scrapers

新石器时代
长3.8~7.6、宽2.7~6.5、厚0.7~1.1厘米
Neolithic Age
Length 3.8–7.6cm; Width 2.7–6.5cm; Thickness 0.7–1.1cm

1975年扎赉诺尔区沙子山遗址采集
满洲里市博物馆藏

八件。颜色有红、绿、白、灰褐等。为压制双刃或复刃刮削器，轮廓呈圆角、锐角三角形和圆角长方形。破裂面内凹，压剥痕迹分布于破裂面三边。刃痕浅，刃缘窄。背面多为自然面，只在一顶角处可见压削痕迹。

刮削器
Stone Scraper

新石器时代
最长15.5、最宽10.5、最厚2.5厘米
Neolithic Age
Length less than 15.5cm; Width less than 10.5cm;
Thickness less than 2.5cm

扎赉诺尔博物馆征集
扎赉诺尔博物馆藏

　　打制而成，较为粗糙。整体呈椭圆形，土黄色，表面附着白色物质和棕色斑点。刃缘向外突出，经交互打击法加工，较为锋利。中部有棱脊一道，外侧形成陡坡，中部隆起，两侧低薄。

石尖状器
Stone Points

新石器时代
长5.1~7.6、宽2.9~6.3、厚1.5~2.6厘米
Neolithic Age
Length 5.1–7.6cm; Width 2.9–6.3cm;
Thickness 1.5–2.6cm

1975年扎赉诺尔区沙子山遗址采集
满洲里市博物馆藏

　　六件。原料有燧石、砾石，呈深黄色、灰褐色。使用直接剥片法或间接剥片法制成，单刃或双刃，修理痕迹明显。

石叶
Stone Blades

新石器时代
长2.4~5.9、宽0.8 ~1.7、厚0.1~0.3 厘米
Neolithic Age
Length 2.4–5.9cm; Width 0.8 –1.7cm;
Thickness 0.1–0.3 cm

扎赉诺尔博物馆征集
扎赉诺尔博物馆藏

13件。燧石，呈灰色、红褐色、褐色或乳白色。器长而薄，两侧几乎是平行的，背面有一条或两条纵脊，横断面呈三角形或梯形。采用间接剥片法，压剥修理，有些可见使用痕迹。

石叶
Stone Blades

新石器时代
长2.2~5.1、宽0.5~1.9、厚0.2~0.6厘米
Neolithic Age
Length 2.2–5.1cm; Width 0.5–1.9cm;
Thickness 0.2–0.6cm

1975年扎赉诺尔区沙子山遗址采集
满洲里市博物馆藏

15件。叶状，颜色有红、白、墨绿、灰等。

石叶
Stone Blades

新石器时代
长0.6~3.6、宽0.9~1.8、最厚0.3~0.4厘米
Neolithic Age
Length 0.6–3.6; Width 0.9–1.8;
Thickness less than 0.3–0.4cm

1976年扎赉诺尔区沙子山遗址采集
满洲里市博物馆藏

12件。颜色有白色、青色等，部分呈半透明状。整体呈长方形或柳叶形，表面有压剥痕迹，器体光滑，中间厚，向两侧渐薄，四周有刃或尖端较锋利。

石斧
Stone Axe

新石器时代
长13.2、最宽5.7、厚4.1厘米
Neolithic Age
Length 13.2cm; Width less than 5.7cm; Thickness 4.1cm

2008年扎赉诺尔博物馆征集
扎赉诺尔博物馆藏

　　浅褐色，整体磨光。顶部呈尖锥状，可见打制痕迹。刃部呈弧形，磨制较锋利。

石耜
Stone *Lei* (a spade-shaped farm tool)

新石器时代
长21.3、宽5.3~7.2、厚4厘米
Neolithic Age
Length 21.3cm; Width 5.3–7.2cm; Thickness 4cm

扎赉诺尔博物馆征集
扎赉诺尔博物馆藏

　　深灰色，打制而呈长条状，压剥痕迹密布于器体两边，两面脊背凸起成线状，两端较窄。

石耒
Stone *Lei* (a spade-shaped farm tool)

新石器时代
长28.7、宽5.7~8.6、厚3.9厘米
Neolithic Age
Length 28.7cm; Width 5.7–8.6cm; Thickness 3.9cm

扎赉诺尔博物馆征集
扎赉诺尔博物馆藏

　　青灰色，为长条形，一端较宽，一端较
细，两端均打制成圆弧刃，较锋利。器体两侧
较薄，有打制痕迹。

石磨盘
Stone Saddle-quern

新石器时代
石磨盘：长24、宽22、最厚5厘米
石磨棒：长19、最小径3.5、最大径5.8厘米
Neolithic Age
Stone Saddle-quern: Length 24cm; Width 22cm; Thickness less than 5cm
Stone Roller: Length 19cm; Diameter 3.5-5.8cm

2008年扎赉诺尔博物馆征集
扎赉诺尔博物馆藏

　　磨盘平面近长方形，一端残缺，上端面形成凹状的加工面，中间薄，两端较厚，磨制较精细。磨棒呈长圆柱体，磨制精细，中间至两端渐细，一端有缺损。

石杵
Stone Pestle

新石器时代
长13.2、最宽6.4、厚5.2厘米
Neolithic Age
Length 13.2cm; Width less than 6.4cm; Thickness 5.2cm

扎赉诺尔区采集
扎赉诺尔博物馆藏

通体磨制，一面为深灰色，另一面为浅灰色。上窄下宽，两端皆为方圆形。

石锛
Stone Adze

新石器时代
长9.4、宽5.5、厚2.6厘米
Neolithic Age
Length 9.4cm; Width 5.5cm; Thickness 2.6cm

2009年扎赉诺尔区小河口出土
扎赉诺尔博物馆藏

砾石，灰色，略呈梯形，单刃，一面光滑，一面凹凸不平，底部有凸起。

石环通常安装在硬木棒上作棍棒头或拴系绳索作投掷物，在狩猎中用以增加杀伤力。也可作掘土棒上的加重石，便于挖掘时节省体力。

石环
Stone Loop

新石器时代
外径15~16、内径2.3、厚4~4.1厘米
Neolithic Age
Exterior Diameter 15–16cm; Interior
Diameter 2.3cm; Thickness 4–4.1cm

2008年扎赉诺尔博物馆征集
扎赉诺尔博物馆藏

　　土黄色，平面呈圆形，磨制而成。通体厚薄一致，中心部位对钻一较规则穿孔，器体表面较粗糙，凹凸不平，有多处大小不一的气孔。

石环
Stone Loop

新石器时代
外径12.5、内径3.3、厚8.4厘米
Neolithic Age
Exterior Diameter 12.5cm; Interior
Diameter 3.3cm; Thickness 8.4cm

2008年扎赉诺尔博物馆征集
扎赉诺尔博物馆藏

　　灰褐色，磨制而成，平面近圆环形，环体厚薄较一致。中心部位对钻一圆形孔。

石环
Stone Loop

新石器时代
外径12.4、内径1.9~3.9、厚3.8~5.2厘米
Neolithic Age
Exterior Diameter 12.4cm; Interior Diameter
1.9~3.9cm; Thickness 3.8~5.2cm

2012年扎赉诺尔博物馆征集
扎赉诺尔博物馆藏

　　火山岩磨制，表面呈灰色和褐色，
圆环形，中部较厚，边缘略薄，中间对
钻一孔。

石环
Stone Loop

新石器时代
外径12.8~14.5、内径2、厚5.6~5.8厘米
Neolithic Age
Exterior Diameter 12.8~14.5cm; Interior Diameter
2cm; Thickness 5.6~5.8cm

扎赉诺尔区征集
扎赉诺尔博物馆藏

　　磨制而成，平面近圆形，器壁较厚，中
心部位有一圆孔，对钻而成。

石环
Stone Loop

新石器时代
外径17.5~19、内径2.1、厚4.8~7.1厘米
Neolithic Age
Exterior Diameter 17.5~19cm; Interior
Diameter 2.1cm; Thickness 4.8~7.1cm

2008年扎赉诺尔博物馆征集
扎赉诺尔博物馆藏

　　灰白色，呈不规则环形，磨制
而成。通体厚度不一，中心部位对
钻一较规则圆孔。器体表面较粗
糙，有使用过的磨损痕迹。

石网坠
Stone Net Drop

新石器时代
长11.8、宽5.4、厚1.9厘米
Neolithic Age
Length 11.8cm; Width 5.4cm; Thickness 1.9cm

扎赉诺尔区露天矿区出土
呼伦贝尔民族博物院藏

　　整体呈椭圆形，表面黄褐色间杂青色，打磨而成。器身一周有凹槽。

石网坠
Stone Net Drop

新石器时代
长8.4、最宽4.3厘米
Neolithic Age
Length 8.4cm; Width less than 4.3cm

1976年扎赉诺尔区沙子山遗址采集
满洲里市博物馆藏

　　整体呈椭圆形，表面可见系网之凹痕，做工粗糙。

陶网坠
Pottery Net Drop

新石器时代
长3.5、直径0.9厘米
Neolithic Age
Length 3.5cm; Diameter 0.9cm

2008年扎赉诺尔博物馆征集
满洲里市博物馆藏

　　红陶磨制，圆柱状，两端分别有一圈凹槽，应为系绳处。

陶网坠
Pottery Net Drops

新石器时代
长2.4~4.4、直径1.1~1.2厘米
Neolithic Age
Length 2.4−4.4cm; Diameter1.1 −1.2cm

扎赉诺尔区露天矿区采集
扎赉诺尔博物馆藏

　　二件。一件整体呈灰褐色，两端各有凹槽。整体保存较好。另一件整体呈浅黄色，两端均残，一端有一较浅的凹槽。

石镞
Stone Arrowheads

新石器时代
长1.5~3.2、宽1~2.2、厚0.1~0.4厘米
Neolithic Age
Length 1.5–3.2cm; Width 1–2.2cm; Thickness 0.1–0.4cm

2008年扎赉诺尔博物馆征集
扎赉诺尔博物馆藏

　　55件，石料有燧石、水晶，呈红褐、灰褐、墨绿、青白、灰白、黑灰、黄或白色，整体轮廓呈锐角等腰三角形或底边内凹的锐角等腰三角形，压剥而成，器形较规整。

石饰件
Stone Ornament

新石器时代
长2.5、宽1.9、孔径0.3厘米
Neolithic Age
Length 2.5cm; Width 1.9cm; Diameter
of the Hole 0.3cm

2008年扎赉诺尔博物馆征集
扎赉诺尔博物馆藏

　　黑色，磨制，表面光滑，近圆角三角形，中部有一对钻而成的圆孔，可以穿挂。

贝饰
Shell Ornaments

新石器时代
长10.7、9.9厘米
Neolithic Age
Length 10.7cm; 9.9cm respectively

扎赉诺尔区露天矿区采集
扎赉诺尔博物馆藏

　　二件。一件整体近月牙状，一面呈深褐色，做工粗糙，一面呈黄褐色，较光滑，一端断裂，上面留有残孔的痕迹，另一端有一圆孔。另一件做工精细，器体光滑，一面呈青色，一面呈浅黄色，一端略凹，上有两个圆孔，另一端为断面。

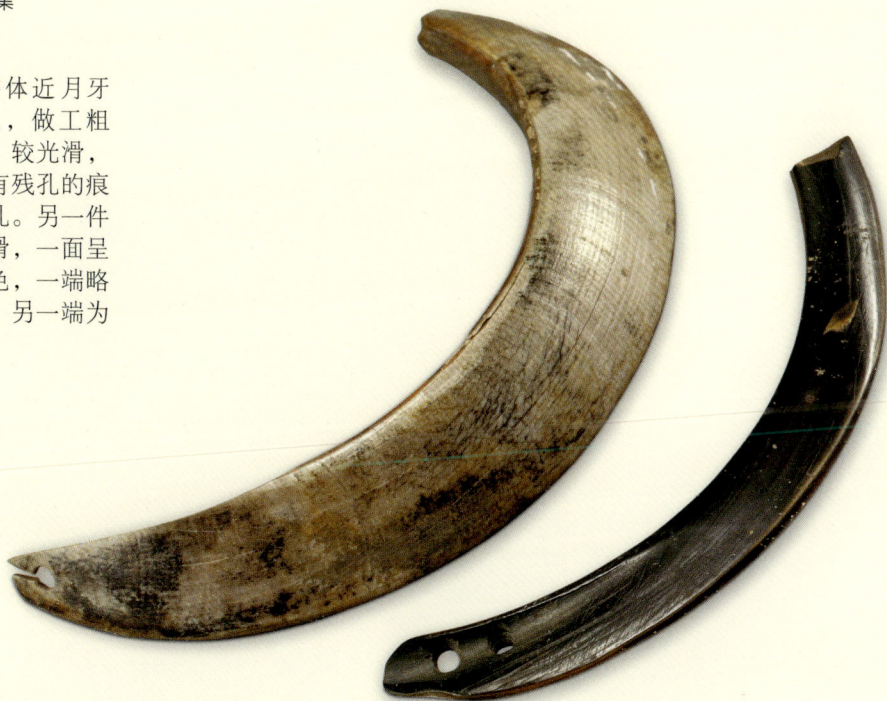

汉—北魏时期

Han and Northern Wei Period

公元前3世纪～公元6世纪
B.C. 3C-A.D.6C

　　扎赉诺尔发现的鲜卑遗存以两汉居多。主要遗存有扎赉诺尔墓群和蘑菇山墓群，为研究鲜卑的迁徙与文化源流提供了重要的考古学证据。

Most of Xianbei remains discovered in Jalainur, such as Jalainur tombs and Mogushan tombs, were dated from Western Han and Eastern Han Dynasties. They provided important archaeological evidence for the migration of Xianbei and its cultural origin.

达兰鄂罗木河东岸坡地的扎赉诺尔墓群（由北往南）
Jalainur tombs (From North to South)

颅骨
Skull

汉代
颅高14.4、颅长18、面宽12.6厘米
Han Dynasty
Height of the Skull 14.4cm; Length of the
Skull 18cm; Width of the Face 12.6cm

1960年扎赉诺尔墓群出土
内蒙古博物院藏

头骨呈黄褐色，保存较完整，缺失下颌。骨骼表面结节明显，头骨顶面呈楔形，额、顶结节平缓，顶面轮廓线较圆钝，枕部曲度甚为平缓，属圆颅型。头骨面颊略宽，眉弓不发达，颧骨突出，梨状孔为心形，乳突中等，齿弓呈"U"形，残存上颌五颗臼齿，属于典型蒙古人种，处于晚期智人阶段。

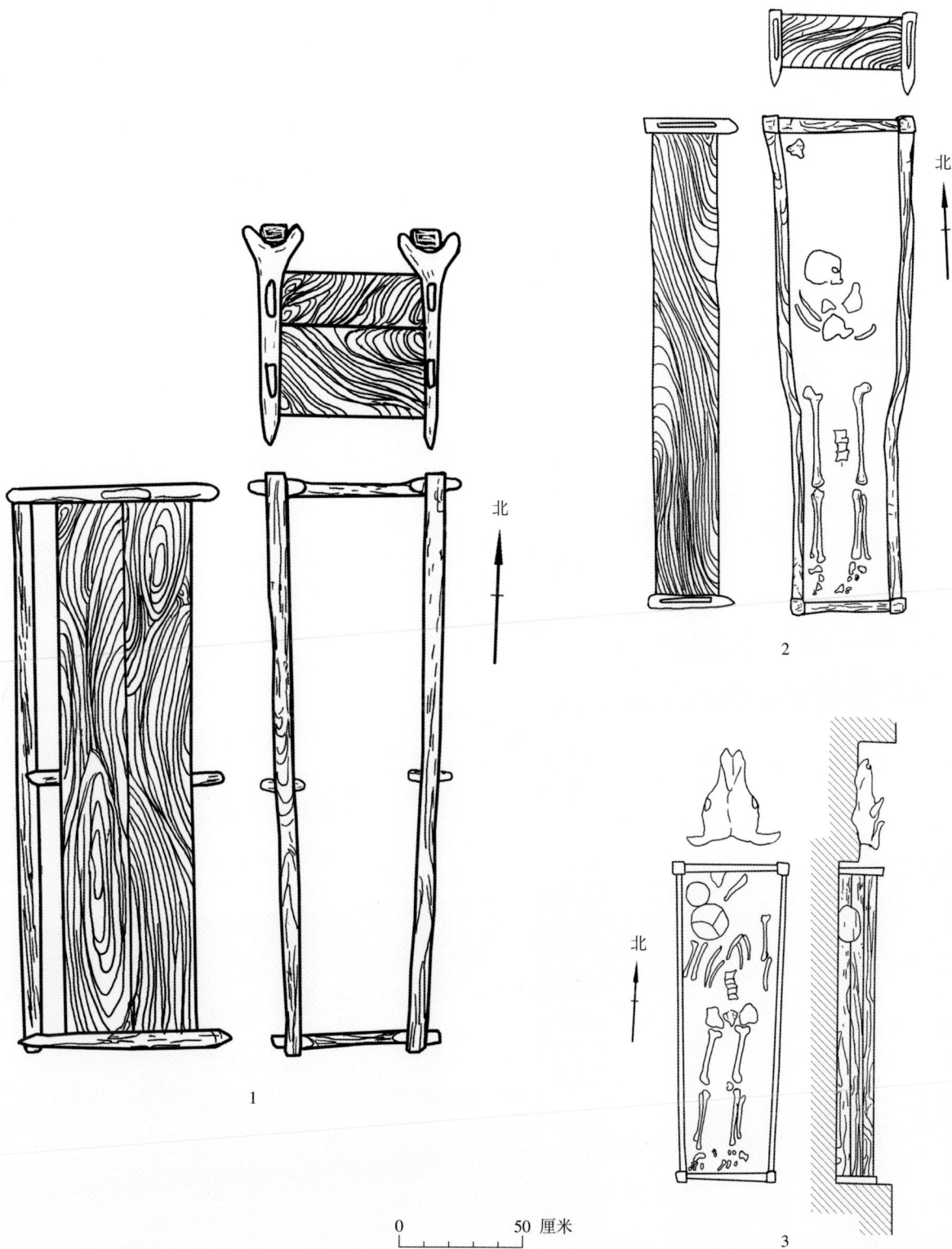

北

北

北

0　　　　　50 厘米

1

2

3

扎赉诺尔墓群墓葬平剖面图（1.M27木棺　2.M24木棺　3.M19木棺）
Plan and Profile of Jalainur Tombs

陶罐
Pottery Jar

汉代
高13.5、口径9.4、腹径13.3、底径6.2厘米
Han Dynasty
Height 13.5cm; Mouth Diameter 9.4cm; Belly
Diameter 13.3cm; Bottom Diameter 6.2cm

1960年扎赉诺尔墓群出土
扎赉诺尔博物馆藏

　　手制。夹砂灰陶，陶质较硬。侈
口，束颈，鼓腹，腹上有一单耳，已
残，平底。素面，内壁呈灰褐色，外壁
有烟熏烧制痕迹。

陶罐
Pottery Jar

汉代
高16.3、口径13.5、腹径11.2、底径6.7厘米
Han Dynasty
Height 16.3cm; Mouth Diameter 13.5cm; Belly
Diameter 11.2cm; Bottom Diameter 6.7cm

1986年扎赉诺尔墓群M3012出土
扎赉诺尔博物馆藏

　　手制。夹砂黑陶，侈口，束颈，长
腹，平底。素面，表面有烟炱痕迹。

陶罐
Pottery Jar

汉代
高16.5、口径13.1、腹径12.5、底径6.5厘米
Han Dynasty
Height 16.5cm; Mouth Diameter 13.1cm; Belly
Diameter 12.5cm; Bottom Diameter 6.5cm

1986年扎赉诺尔墓群M3010出土
内蒙古自治区文物考古研究所藏

　　手制。泥质红陶，胎质坚硬，侈口，
腹略鼓，平底。素面，外壁有烟炱痕迹。

陶罐
Pottery Jar

汉代
高15.1、口径8.2、腹径12.3、底径7.9厘米
Han Dynasty
Height 15.1cm; Mouth Diameter 8.2cm; Belly
Diameter 12.3cm; Bottom Diameter 7.9cm

1986年扎赉诺尔墓群出土
扎赉诺尔博物馆藏

　　手制。夹砂黑陶，胎体较厚。方圆
唇，侈口，短束颈，溜肩，鼓腹向底部内
收，平底。表面有烟炱痕迹。

陶罐
Pottery Jar

汉代
高13、口径8、腹径12.3、底径8.3厘米
Han Dynasty
Height 13cm; Mouth Diameter 8cm; Belly
Diameter 12.3cm; Bottom Diameter 8.3cm

1993年扎赉诺尔墓群出土
扎赉诺尔博物馆藏

　　手制。夹砂黑陶，内外壁皆呈灰黑色，局部夹杂红褐色，陶质疏松，胎体较厚。圆唇，敞口，束颈，溜肩，弧腹向下内收，平底。素面，表面有烟炱痕迹。

陶罐
Pottery Jar

汉代
高7、口径7.4、腹径7.5、底径4.3厘米
Han Dynasty
Height 7cm; Mouth Diameter 7.4cm; Belly
Diameter 7.5cm; Bottom Diameter 4.3cm

1986年扎赉诺尔墓群出土
内蒙古自治区文物考古研究所藏

　　手制。泥质灰陶，胎质坚硬。侈口，口沿残，束颈，鼓腹，平底。素面，外壁有焚烧痕迹。

陶罐
Pottery Jar

汉代
高12.5、口径10.6、腹径10、底径4.7厘米
Han Dynasty
Height 12.5cm; Mouth Diameter 10.6cm; Belly
Diameter 10cm; Bottom Diameter 4.7cm

1986年扎赛诺尔墓群出土
扎赛诺尔博物馆藏

　　手制。夹砂红褐陶，侈口，口沿下有
一圈戳点纹，平底。表面有烟炱痕迹。

陶罐
Pottery Jar

汉代
高16.6、口径13.1、腹径12.8、底径5.7厘米
Han Dynasty
Height 16.6cm; Mouth Diameter 13.1cm; Belly
Diameter 12.8cm; Bottom Diameter 5.7cm

1986年扎赛诺尔墓群M3013出土
内蒙古自治区文物考古研究所藏

　　手制。夹砂灰褐陶，侈口，圆唇，平
底。素面，表面有烟炱痕迹。

陶罐
Pottery Jar

汉代
高18.3、口径10.1、腹径12.7、底径8.8厘米
Han Dynasty
Height 18.3cm; Mouth Diameter 10.1cm; Belly
Diameter 12.7cm; Bottom Diameter 8.8cm

1986年扎赉诺尔墓群M3003出土
扎赉诺尔博物馆藏

　　手制。夹砂红陶，侈口，圆唇，直颈，
圆鼓腹，平底。素面，表面有烟炱痕迹。

陶罐
Pottery Jar

汉代
高22、口径8.9、腹径10.6、底径6.6厘米
Han Dynasty
Height 22cm; Mouth Diameter 8.9cm; Belly
Diameter 10.6cm; Bottom Diameter6.6cm

1960年扎赉诺尔墓群出土
扎赉诺尔博物馆藏

  手制。夹砂红陶，质地较硬。侈口，
圆唇，直颈，鼓腹，平底。素面，外壁有
烧造的痕迹。

陶钵
Pottery Bowl

汉代
高9.2、口径13.8、腹径12.7、底径7.1厘米
Han Dynasty
Height 9.2cm; Mouth Diameter 13.8cm;
Belly Diameter 12.7cm;
Bottom Diameter 7.1cm

1960年扎赉诺尔墓群出土
内蒙古博物院藏

手制。夹砂黑陶，胎体较薄。口部微侈，圆唇，鼓腹向底部斜收，平底内凹，底部略残，器形不甚规整。素面。

陶钵
Pottery Bowl

汉代
高8、口径11.2、腹径10.1、底径6.5厘米
Han Dynasty
Height 8cm; Mouth Diameter 11.2cm;
Belly Diameter 10.1cm;
Bottom Diameter 6.5cm

1986年扎赉诺尔墓群出土
内蒙古自治区文物考古研究所藏

手制。夹砂红陶，敞口，斜腹，平底。素面，外壁有烧造的痕迹。

陶罐
Pottery Jar

汉代
高14.5、口径7.8、腹径13.2、底径7.5厘米
Han Dynasty
Height 14.5cm; Mouth Diameter 7.8cm;
Belly Diameter 13.2cm;
Bottom Diameter 7.5cm

1984年扎赉诺尔墓群出土
呼伦贝尔民族博物院藏

手制。夹砂红陶，敞口，口部残，鼓腹，平底。素面。

陶罐
Pottery Jar

汉代
高10.2、口径9.1、腹径9.4、底径6厘米
Han Dynasty
Height 10.2cm; Mouth Diameter 9.1cm;
Belly Diameter 9.4cm; Bottom Diameter 6cm

1984年扎赉诺尔墓群M8出土
呼伦贝尔民族博物院藏

　　手制。夹砂红陶，胎体不厚，胎质
疏松。口部微侈，方圆唇，领壁斜直，
束颈，鼓腹，平底。素面，内外均有烟
炱痕迹。出土时位于头骨右侧。

陶罐
Pottery Jar

汉代
高15.4、口径14.1、腹径13.5、底径7.2厘米
Han Dynasty
Height 15.4cm; Mouth Diameter 14.1cm;
Belly Diameter 13.5cm; Bottom Diameter 7.2cm

1982年扎赉诺尔墓群采集
呼伦贝尔民族博物院藏

　　手制。夹砂黑陶，内外壁均呈褐色，
胎体较薄。侈口，圆唇，直颈，腹略鼓，
底略凹，器体破损严重。素面。

陶罐
Pottery Jar

汉代
残高10.8、腹径10.1、底径4.1厘米
Han Dynasty
Height of the Remains 10.8cm; Belly Diameter
10.1cm; Bottom Diameter 4.1cm

1984年扎赉诺尔墓群采集
呼伦贝尔民族博物院藏

　　轮制。泥质灰陶，器体较薄。侈口，圆唇，口沿部分残缺，束颈，颈下部饰一周凹弦纹，鼓腹向下斜收，腹上部饰两圈凹弦纹，平底。表面有烟熏火烧痕迹。

陶罐
Pottery Jar

汉代
残高9.5、腹径8.8、底径5.2厘米
Han Dynasty
Height of the Remains 9.5cm; Belly Diameter
8.8cm; Bottom Diameter 5.2cm

1984年扎赉诺尔墓群采集
呼伦贝尔民族博物院藏

　　手制。夹砂灰陶，口和耳部残，长弧腹，一侧有耳，底部略凹。素面，有烟熏痕迹。

陶罐
Pottery Jar

汉代
残高13.5、腹径16.4、底径8.5厘米
Han Dynasty
Height of the Remains 13.5cm; Belly Diameter
16.4cm; Bottom Diameter 8.5cm

1984年扎赉诺尔墓群出土
呼伦贝尔民族博物院藏

　　轮制。夹砂黑陶，胎质较硬，胎体较厚。罐残缺严重，内部尚有较多残片难以复原，从残片看，为侈口，口沿处有一圈压印短竖线纹饰，圆唇，短粗颈，鼓腹下收于底，底平略内凹。素面磨光，有烟炱痕迹。

陶罐
Pottery Jar

汉代
高12.4、口径9.8、腹径10.3、底径5.8厘米
Han Dynasty
Height 12.4cm; Mouth Diameter 9.8cm; Belly
Diameter 10.3cm; Bottom Diameter 5.8cm

1984年扎赉诺尔墓群出土
呼伦贝尔民族博物院藏

　　手制。夹砂黑陶，底中部为灰褐
色。侈口，方圆唇，唇上施一周凹弦
纹，束颈，鼓腹向下斜收，平底，器形较
不规整。

陶罐
Pottery Jar

汉代
高14、口径10.5、腹径10.2、底径8厘米
Han Dynasty
Height 14cm; Mouth Diameter 10.5cm;
Belly Diameter 10.2cm;
Bottom Diameter 8cm

1984年扎赉诺尔墓群出土
呼伦贝尔民族博物院藏

　　手制。夹砂黑陶，胎体较厚。侈
口，口沿加宽，下部有一圈指压纹，
双桥耳，圆鼓腹，高圈足。素面。

陶罐
Pottery Jar

汉代
高16.1、口径12.7、腹径14、底径7.3厘米
Han Dynasty
Height 16.1cm; Mouth Diameter 12.7cm;
Belly Diameter 14cm;
Bottom Diameter 7.3cm

1960年扎赉诺尔墓群M20出土
内蒙古博物院藏

　　手制。夹砂黑陶，胎体厚重。侈口，圆唇，束颈，鼓腹，小平底。素面。

陶罐
Pottery Jar

汉代
高15.1、口径13.2、腹径13、底径8.5厘米
Han Dynasty
Height 15.1cm; Mouth Diameter 13.2cm;
Belly Diameter 13cm;
Bottom Diameter 8.5cm

1960年扎赉诺尔墓群出土
内蒙古博物院藏

　　手制。泥质黑陶，胎质较厚。侈口，圆唇，束颈，微鼓腹，平底。素面。

陶罐

Pottery Jar

汉代
高16.7、口径13.7、腹径13.4、底径7.5厘米
Han Dynasty
Height 16.7cm; Mouth Diameter 13.7cm;
Belly Diameter 13.4cm;
Bottom Diameter 7.5cm

1960年扎赉诺尔墓群出土
内蒙古博物院藏

　　手制。夹砂黑陶，胎体较薄。侈口
微残，口沿下方有一圈附加堆纹，上有
戳印篦点纹，尖唇，束颈，长鼓腹，平
底，器形不甚规整。

陶罐

Pottery Jar

汉代
高15、口径11.5、腹径11.4、底径7.2厘米
Han Dynasty
Height 15cm; Mouth Diameter 11.5cm;
Belly Diameter 11.4cm;
Bottom Diameter 7.2cm

1960年扎赉诺尔墓群出土
内蒙古博物院藏

　　手制。夹砂黑陶，胎质较厚。侈
口，口沿部分残缺，口沿处有一圈附
加堆纹，上有指压纹，尖圆唇，束
颈，微鼓腹，平底。

陶罐
Pottery Jar

汉代
高16.7、口径12、腹径10.7、底径6.3厘米
Han Dynasty
Height 16.7cm; Mouth Diameter 12cm;
Belly Diameter 10.7cm;
Bottom Diameter 6.3cm

1960年扎赉诺尔墓群出土
内蒙古博物院藏

　　手制。夹砂黑陶，胎体薄。侈口，口沿下方贴饰一圈附加堆纹，上部戳印篦点纹，圆唇，束颈，长鼓腹，平底。

陶罐
Pottery Jar

汉代
高14.7、口径12~12.3、腹径12.1、底径6.6厘米
Han Dynasty
Height 14.7cm; Mouth Diameter 12–12.3cm; Belly
Diameter 12.1cm; Bottom Diameter 6.6cm

1960年扎赉诺尔墓群出土
内蒙古博物院藏

　　手制。夹砂，表面呈灰黑色，夹杂褐色，陶质较粗，胎体较厚。敞口，口沿处有一圈附加堆纹，上有戳印纹饰，短粗颈，鼓腹下收于底，底平略内凹。表面多处有烟炱痕迹。

陶罐
Pottery Jar

鲜卑时期
高13.3、口径10.6、腹10.2、底径7.4厘米
Xianbei Period
Height 13.3cm; Mouth Diameter 10.6cm; Belly
Diameter 10.2cm; Bottom Diameter 7.4cm

1962年扎赛诺尔墓群出土
内蒙古博物院藏

　　手制。夹砂褐陶，敞口，尖圆唇，短
束颈，器体斜直略外弧，平底。素面，表
面有黑色火烧痕迹。

陶罐
Pottery Jar

汉代
高16.4、口径9.2、腹径13.6、底径9.9厘米
Han Dynasty
Height 16.4cm; Mouth Diameter 9.2cm;
Belly Diameter 13.6cm; Bottom Diameter 9.9cm

1962年扎赛诺尔墓群出土
内蒙古博物院藏

　　手制。红褐色，侈口，薄唇，有缺口，
短直颈，圆鼓腹，平底，底部边沿外扩。素
面，表面有烟熏痕迹。

陶罐
Pottery Jar

汉代
高16.9、口径9.6、腹径12.5、底径7.5厘米
Han Dynasty
Height 16.9cm; Mouth Diameter 9.6cm; Belly
Diameter 12.5cm; Bottom Diameter 7.5cm

1962年扎赉诺尔墓群出土
内蒙古博物院藏

　　手制。红褐色，侈口，圆唇，有缺
口，短直颈，鼓腹，平底。素面，表面有
烟熏痕迹。

陶壶
Pottery Vessel

汉代
高17、口径7.2、腹径14.5、底径7.8厘米
Han Dynasty
Height 17cm; Mouth Diameter 7.2cm; Belly
Diameter 14.5cm; Bottom Diameter 7.8cm

1962年扎赉诺尔墓群出土
内蒙古博物院藏

　　手制。夹砂陶，整体呈红褐色。圆
唇，口部残，束颈，颈部相对较高，鼓
腹，自腹部以下渐收，至底部最小，平
底。素面，局部有黑色痕迹。

陶罐
Pottery Jar

汉代
高13.5、口径8.4、腹径11、底径5.9厘米
Han Dynasty
Height 13.5cm; Mouth Diameter 8.4cm; Belly
Diameter 11cm; Bottom Diameter 5.9cm

1960年扎赉诺尔墓群出土
内蒙古博物院藏

　　手制。夹砂，黑色夹杂褐色，陶质
较粗，胎体较厚。敞口，尖圆唇，短颈，
颈部有环形对称双耳，鼓腹下收于底，底
平，已残。表面有烟炱痕迹。

陶罐
Pottery Jar

汉代
高18.6、口径14.8、腹径17、底径8厘米
Han Dynasty
Height 18.6cm; Mouth Diameter 14.8cm;
Belly Diameter 17cm; Bottom Diameter 8cm

1960年扎赉诺尔墓群出土
内蒙古博物院藏

　　手制。夹砂黑陶，陶质疏松。敞
口，方圆唇，束颈，溜肩，肩部有三个
扉棱，斜直腹，高圈足外撇。素面，表
面有烟炱痕迹。

陶罐
Pottery Jar

汉代
高15.1、口径8.8、腹径12.6、底径9.1厘米
Han Dynasty
Height 15.1cm; Mouth Diameter 8.8cm; Belly
Diameter 12.6cm; Bottom Diameter 9.1cm

1960年扎赉诺尔墓群出土
内蒙古博物院藏

手制。夹砂陶，整体呈黑色，制作
粗糙。口部残，束颈，鼓腹，腹部凹凸不
平，双耳残失，仅在腹部相对称的两侧各
余两个柱状凸起，平底。素面。

陶罐
Pottery Jar

汉代
高14、口径10.4、腹径9.5、底径6.2厘米
Han Dynasty
Height 14cm; Mouth Diameter 10.4cm; Belly
Diameter 9.5cm; Bottom Diameter 6.2cm

1962年扎赉诺尔墓群出土
内蒙古博物院藏

手制。夹砂褐陶，外壁夹杂灰黑色，
陶质疏松。侈口，口沿外侧施戳点纹一
周，叠唇，肩部有单耳，鼓腹向下内收，
高圈足外撇。

陶罐
Pottery Jar

汉代
高11.5、口径6.2、腹径14.5、底径6.3厘米
Han Dynasty
Height 11.5cm; Mouth Diameter 6.2cm; Belly
Diameter 14.5cm; Bottom Diameter 6.3cm

1962年扎赉诺尔墓群出土
内蒙古博物院藏

　　口沿和双耳手制，器身轮制。泥质灰
陶，胎质较薄。直口，圆唇，立领，双纽
状耳，鼓腹，平底。素面。

陶罐
Pottery Jar

汉代
高12、口径6.3、底径8.1厘米
Han Dynasty
Height 12cm; Mouth Diameter 6.3cm; Bottom
Diameter 8.1cm

1962年扎赉诺尔墓群出土
内蒙古博物院藏

　　轮制。黑色磨光，方唇，口部残，
肩部饰有弦纹，平底。此陶罐造型颇为规
整，与本地区出土的器物形制有别，不排
除外来输入的可能性。

铜鍑
Bronze *Fu* (Cauldron)

汉代
通高16.4、耳高2.6、耳宽4.8、口径11.6~11.8
腹径14.5~15.3、腹深15.9、底径9.6厘米
Han Dynasty
Full Height 16.4cm; Height of Ears 2.6cm;
Width of Ears 4.8cm; Mouth Diameter 11.6–
11.8cm; Belly Diameter 14.5–15.3cm; Depth of
the Belly15.9cm; Bottom Diameter 9.6cm

2008年捐赠，情况不详
扎赉诺尔博物馆藏

　　青铜铸造。敛口，外斜唇，口上立半圆形立式双耳，为分铸焊接而成，深腹，平底。该器为合范铸造，腹部与底部合范痕迹明显，摆放不平。器体较薄，锈蚀严重，颈、腹上有腐蚀形成的两个孔洞。

桦皮盒
Birch Bark Box

汉代
通高11.1、口径7、底径14.2厘米
Han Dynasty
Full Length 11.1cm; Mouth Diameter 7cm;
Bottom Diameter 14.2cm

1986年扎赉诺尔墓群出土
内蒙古博物院藏

　　桦树皮材质，由两层制成。器表呈浅褐色，顶部无盖，底部缺损，变形严重。器表残留缝制孔，口部侧壁下边缘处为锯齿纹，侧壁表面有横条短纹，颈部和底边为竖条短纹，底边外扩。

桦皮盒底
Bottom of the Birch Bark Box

汉代
直径11.3、厚0.3厘米
Han Dynasty
Diameter 11.3cm; Thickness 0.3cm

1960年扎赉诺尔墓群出土
内蒙古博物院藏

　　圆形，浅黄色。两片桦树皮缝合，圆周上有一圈针脚，共22个针眼，间距为1厘米。

桦皮盒盖
Caps of the Birch Bark Box

汉代
直径3.1~14厘米
Han Dynasty
Diameter 3.1~14cm

扎赉诺尔墓群出土
呼伦贝尔民族博物院藏

五件。整体呈圆形，桦树
皮制。三件较小，中间有一圆
孔，约为0.3厘米。两件较大，
缝制，周围均有一圈圆孔，疑
为穿线所用。

桦皮盒盖
Cap of the Birch Bark Box

汉代
直径13.1、厚0.2厘米
Han Dynasty
Diameter 13.1cm; Thickness 0.2cm

1960年扎赛诺尔墓群M3出土
内蒙古博物院藏

　　圆形，桦树皮制缝制，灰褐色，周围均有一圈圆孔，疑为穿线所用。

桦皮圆片
Birch Bark Disks

汉代
直径2.1~2.6、厚0.2~0.4厘米
Han Dynasty
Diameter 2.1–2.6cm; Thickness 0.2–0.4cm

1960年扎赛诺尔墓群M3出土
内蒙古博物院藏

　　四件。呈圆形，形制相近，白色，圆心处有一钻孔，孔径约0.3厘米。

桦皮圆片
Birch Bark Disks

汉代
直径2.1～3、厚0.1～0.3厘米
Han Dynasty
Diameter 2.1–3cm; Thickness 0.1–0.3cm

1960年扎赉诺尔墓群M28出土
内蒙古博物院藏

17件。近圆形，两边
向上弯曲，淡黄色，表面
有树皮的纹路，中心有圆
孔，孔径约0.2厘米。

铜饰件
Bronze Ornaments

汉代
长3.7、宽2.4、厚0.2~0.5厘米
Han Dynasty
Length 3.7cm; Width 2.4cm; Thickness 0.2–0.5cm

1960年扎赉诺尔墓群出土
内蒙古博物院藏

　　二件。青铜铸造，呈"工"字形，中部有一凸棱，四角各有一直径约0.4厘米的孔。

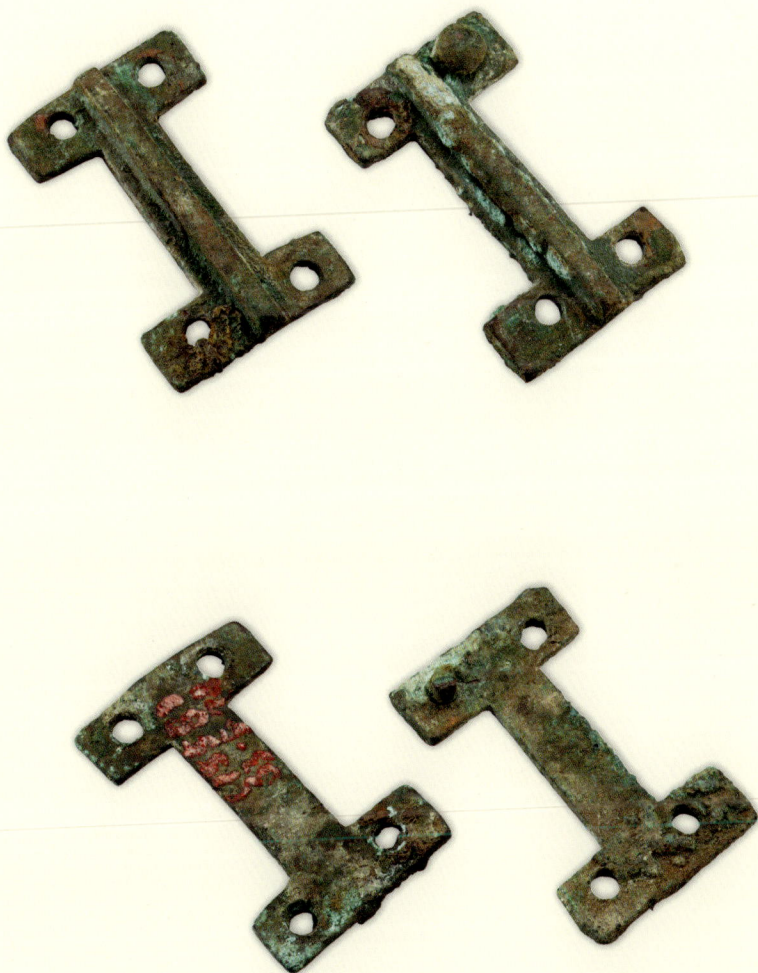

青铜带饰
Bronze Belt Ornaments

汉代
左：长13.3、宽2.5~5、厚0.5厘米
中：长9.2、宽2.5~4.2、厚0.5厘米
右：长5.1、宽3.9、厚0.4厘米
Han Dynasty
Left: Length 13.3cm; Width 2.5–5cm; Thickness 0.5cm
Middle : Length 9.2cm; Width 2.5–4.2cm; Thickness 0.5cm
Right: Length 5.1cm; Width 3.9cm; Thickness 0.4cm

1960年扎赉诺尔墓群出土
内蒙古博物院藏

三件。青铜铸造，表面锈蚀严重。

左边大者，一端为心形，心形两端不相连，各自内卷成涡纹。下接一宽柄，上有方形、长方形、圆形钻孔共五个，其中两孔堵塞严重。

中者，原是大者形状，心形残缺，仅留一柄。钻有方形、长方形、圆形孔共五个。

右边小者，整体呈山字形。正面隆起，有三个较规则圆窝，圆窝边缘凸起。背部凹陷，素面。

青铜饰件
Bronze Ornaments

汉代
直径4.2~4.5、厚0.8~1.1厘米
Han Dynasty
Diameter 4.2–4.5cm; Thickness 0.8–1.1cm

1960年扎赉诺尔墓群M4出土
内蒙古博物院藏

　　三件。青铜铸造，圆形泡状，在
顶部开孔，其中两件形制相同，顶部
开正方形孔，孔外镂空，形成一圈卷
云纹与"："形纹；另一件开一长方形
孔，整体素面无纹。

骨衔
Bone Gag

汉代
长16.3、宽1.5、厚1.2厘米
Han Dynasty
Length 16.3cm; Width 1.5cm; Thickness 1.2cm

1960年扎赉诺尔墓群M27出土
内蒙古博物院藏

　　完整的动物肢骨制成，骨质坚硬、
厚重，上下端各有一对钻的圆形孔，表
面光滑。

骨镳
Bone Gags

汉代
长23.6、24，宽1.9，厚0.2厘米
Han Dynasty
Length 23.6cm; 24cm respectively ;
Width 1.9cm; Thickness 0.2cm

1993年扎赉诺尔墓群出土
内蒙古博物院藏

二件。浅褐色，长条状，扁平，表面光滑，两头尖，器体一侧平直，一侧有弧度，靠近两头各有一个圆孔。

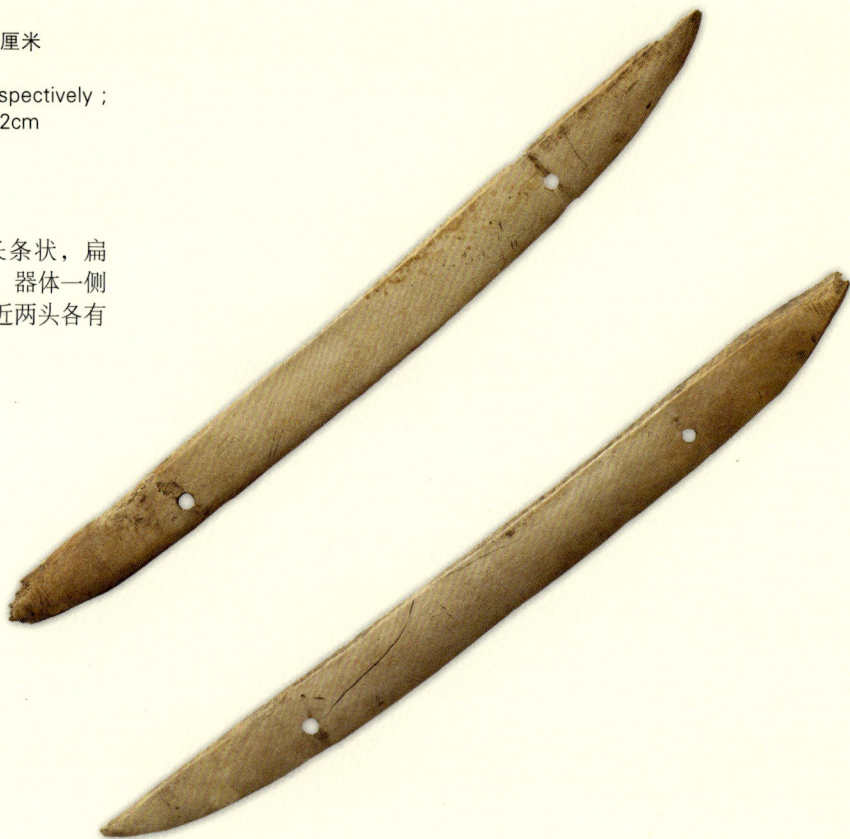

骨镳
Bone Gag

汉代
长9.9、宽2～2.9、厚0.4～0.6厘米
Han Dynasty
Length 9.9cm; Width 2–2.9cm; Thickness
0.4–0.6cm

1960年扎赉诺尔墓群出土
内蒙古博物院藏

黄褐色，磨制，整体弯曲，有一定弧度，两端各一钻孔，一面光滑，另一面相对粗糙。

骨鸣镝
Bone Whistles

汉代
长6.2~7.9、 宽2.7~3.1厘米
Han Dynasty
Length 6.2–7.9cm; Width 2.7–3.1cm

扎赉诺尔墓群出土
呼伦贝尔民族博物院藏

　　六件，均为铁头木柄骨质鸣镝。头部大多为三棱形或铲形，有的残损腐朽严重。柄部为长条形，残断，柄部与头部由铁丝固定。完整的鸣镝为黄褐色，呈椭圆形，鼓腹，中间有一穿孔，顶部均残，腹部上各有两个小音孔。

骨镞
Bone Arrowheads

汉代
长6.9~8.7厘米
Han Dynasty
Length 6.9–8.7cm

1986年扎赉诺尔墓群出土
扎赉诺尔博物馆藏

　　二件。骨质，黄褐色，长条状，箭头锋利，呈三棱状，通体光滑。

骨镞
Bone Arrowheads

汉代
长8~8.2厘米
Han Dynasty
Length 8–8.2cm

扎赉诺尔墓群出土
呼伦贝尔民族博物院藏

　　二件。乳白色，头部为棱形，一件头部两侧锋利，尖部较尖锐，铤部两侧凸起，向下渐细。另一件头部褐色，呈弧形，铤中部较厚，向下渐细。

骨镞
Bone Arrowheads

汉代
长8.9~9.7、宽0.4~1.3厘米
Han Dynasty
Length 8.9–9.7cm; Width 0.4–1.3cm

1960年扎赉诺尔墓群出土
内蒙古博物院藏

　　三件，均为骨骼削刮而成。上件残断，整体身短铤长，镞身呈柳叶形，铤部分为两节，前段圆柱形，后段锥形。中件镞身呈柳叶形，镞铤扁锥状。下件三棱镞身，镞铤分两节，前段圆柱状，上有棱，后段锥形。

骨镞
Bone Arrowheads

汉代
长6.3~10.3、宽0.9~1、厚0.8厘米
Han Dynasty
Length 6.3–10.3cm; Width 0.9–1cm;
Thickness 0.8cm

1960年扎赉诺尔墓群出土
内蒙古博物院藏

　　五件，骨制。器体皆由镞身、
镞铤两部分组成。镞身呈三棱锥
状，锋部较尖锐，从锋部起棱，形
成三面，镞身与镞铤之间为六面圆
箍状过渡。镞铤呈圆锥状，镞锋以
及镞铤尾部皆略微上翘。

骨镞
Bone Arrowheads

汉代
长5.7~18.2、宽0.9~1.5厘米
Han Dynasty
Length 5.7–18.2cm; Width 0.9–1.5cm

1960年扎赉诺尔墓群出土
内蒙古博物院藏

12件。由动物骨骼刮削而成，大小形制不一，按镞身形状可分三类：柳叶形镞身者一件，铤部锥形；四棱锥状镞身者一件，铤部分节，呈圆锥状；三棱状镞身者十件，镞铤多为圆锥状，有的出棱。

铁矛头
Iron Spearhead

汉代
通长16.6、矛头长9.6、宽2.7、厚0.7厘米
Han Dynasty
Full Length 16.6cm; Length of Spearhead 9.6cm;
Width 2.7cm; Thickness 0.7cm

1960年扎赉诺尔墓群出土
内蒙古博物院藏

　　整体锈蚀严重，矛头扁平，中部至边缘
处渐薄，刃部圆钝，铤部由一长7、直径1.8
厘米圆片卷成管状，用以插入木棍。

木弓、桦皮弓囊
Wooden Bow and Quiver Made of Birch Bark

汉代
木弓：长64、宽4.11、厚1.68厘米
弓囊：长90.7、宽3.94、厚6.39厘米
Han Dynasty
Wooden Bow: Length 64cm; Width 4.11cm;
Thickness 1.68cm
Quiver: Length 90.7cm; Width 3.94cm;
Thickness 6.39cm

1960年扎赉诺尔墓群M25出土
内蒙古博物院藏

　　木弓：残损惨重。将一条桦木中间刮薄，使其发生弹力，两端刮成翅状，各钻四个小圆孔，以连接弓弦。
　　桦皮弓囊：残为三截，并有裂痕。用桦皮卷曲成扁筒状，两端衔接处用针线缝合。

1960年扎赉诺尔墓群M25平面图
Plane Chart of Tomb M25 of Jalainur Tombs Excavated in 1960

1. 桦皮弓囊
2. 陶壶
3. 桦皮圆牌
4. 陶罐
5. 铁矛头
6. 弯身形骨饰片
7、8. 铁环首刀
9. 骨镞
10、15. 铁镞
11、13、14、16. 骨饰
12. 铁衔

0 _____ 30 厘米

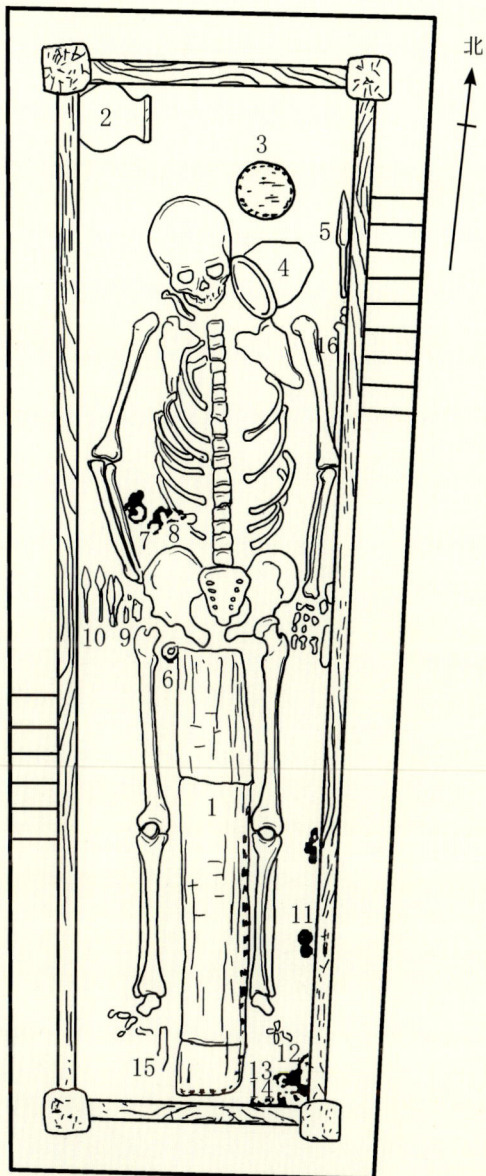

骨弓弭
Bone Bow Strengtheners

汉代
长19.5~22、宽1.7~1.8厘米
Han Dynasty
Length 19.5–22cm; Width 1.7–1.8cm

1960年扎赉诺尔墓群出土
呼伦贝尔民族博物院藏

　　二件。均残，黄褐色，整体为长条状，两端宽窄不一，其中一件柄部有一残孔，表面均有刀削的痕迹。

骨弓把
Bone Bowgrip

汉代
残长18.8、宽3、厚0.05~0.1厘米
Han Dynasty
Length of the Remains 18.8cm; Width
3cm; Thickness 0.05–0.1cm

1986年扎赉诺尔墓群出土
满洲里市博物馆藏

　　也称"拊"，是弓臂中央人手
扶持的地方。此件弓把已残，由动
物骨骼刮削而成，表面光滑，整体
呈中部厚两缘薄的弧形。弓把主体
部分穿有两孔，孔径约0.2厘米，
作穿绳用。

骨弓弭
Bone Bow Strengtheners

汉代
上：残长11.3厘米
中：残长13.4厘米
下：残长11.9厘米
Han Dynasty
Top: Length of the Remains 11.3cm
Middle: Length of the Remains 13.4cm
Bottom: Length of the Remains 11.9cm

1986年扎赉诺尔墓群M3001出土
内蒙古自治区文物考古研究所藏

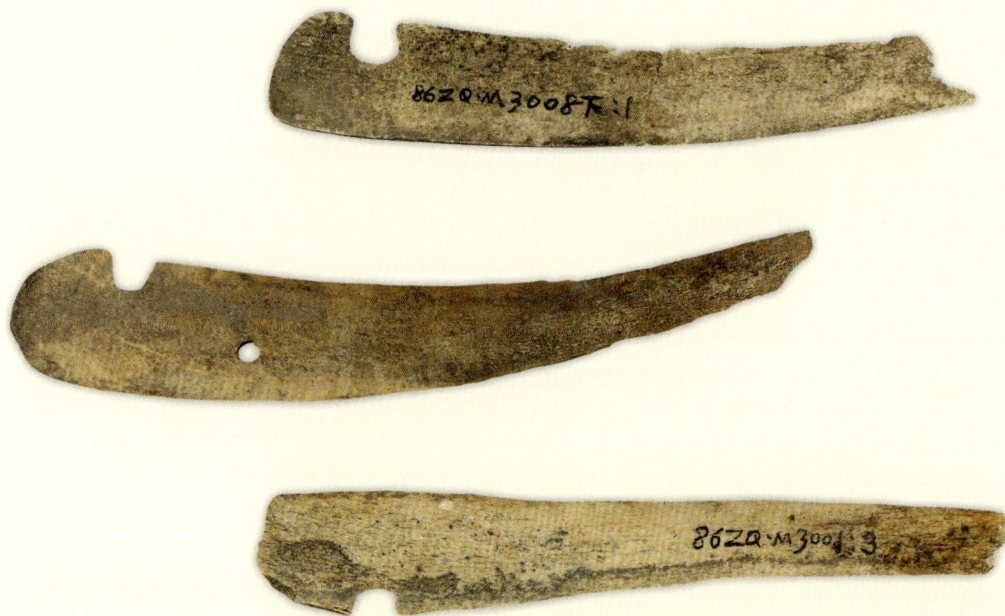

三件，形制基本相同。磨制，表面光滑，在弓弭较宽一端开一半圆形孔。中间的弓弭保存最为完整，中部有一小圆形穿孔。

骨弓弭
Bone Bow Strengtheners

汉代
长20.9~23、宽2.5~2.8、厚0.1~0.3厘米
Han Dynasty
Length 20.9–23cm; Width 2.5–2.8cm;
Thickness 0.1–0.3cm

1960年扎赉诺尔墓群出土
内蒙古博物院藏

二件。浅黄色，上面
有小黑斑点，器表光滑。
整体呈一端宽厚、一端窄
薄的弧线形，正面外凸，
背面略内凹。在宽端有一
半圆形缺口，中部有一个
对钻的孔。

骨弓弭
Bone Bow Strengthener

汉代
长17、宽0.6～1.8、厚0.2厘米
Han Dynasty
Length 17cm; Width 0.6–1.8cm; Thickness 0.2cm

1960年扎赉诺尔墓群M4出土
内蒙古博物院藏

　　骨片磨制，呈淡黄色，表面有黑色附着。整体为一长条形骨板，断为两截，粗端钝圆，边缘有半圆形凹槽，窄端有光滑的切面。中部有一圆孔，钻孔较为规整。器物的一面光滑平整，一面中部凸出。

骨弓弭
Bone Bow Strengtheners

汉代
长12.2～13.3、宽1.8～2、厚0.2～0.3厘米
Han Dynasty
Length 12.2–13.3cm; Width 1.8–2cm; Thickness 0.2–0.3cm

1993年扎赉诺尔墓群M12出土
内蒙古博物院藏

　　三件。骨质，浅褐色，表面布有灰色斑迹。残，弧形，正面凸起，背面内凹，一端为圆弧形，靠近这一端的一侧有凹槽及凸棱，另一端为断截面。

骨弓弭
Bone Bow Strengtheners

汉代
长6.8～17、宽0.4～2.1、厚0.3厘米
Han Dynasty
Length 6.8–17cm; Width 0.4–2.1cm; Thickness 0.3cm

1960年扎赉诺尔墓群M13出土
内蒙古博物院藏

五件。骨片磨制，呈黄色，表面有黑色附着，一件有铁锈色附着，粗端钝圆，边缘有近方形凹槽，窄端有光滑的切面。中间的两件中部有圆孔，钻孔较为规整。器物的一面光滑平整，一面中部凸出。

石刀
Stone Knife

汉代
长13.7、宽2~3.5、厚0.6~0.9厘米
Han Dynasty
Length 13.7cm; Width 2–3.5cm; Thickness
0.6–0.9cm

1960年扎赉诺尔墓群M13出土
内蒙古博物院藏

　　整体呈刀形，一面平坦，一面有
一长约7.2、宽约1.3厘米的凹槽，凹槽
一侧有近似正方形的磨光平面。

木质骨刀柄
Bone Knife with a Wooden Handle

汉代
长8.9、宽2.7、厚0.8厘米
Han Dynasty
Length 8.9cm; Width 2.7cm; Thickness 0.8cm

扎赉诺尔墓群出土
呼伦贝尔民族博物院藏

　　骨刀残。柄木质，为长条形，部分腐
朽，上面有铁锈的痕迹。

环首铁刀
Iron Knife with Loop-shaped Head

汉代
通长36.1、宽1.5~2.3、刀身长34.6、环首
长5.7、环首宽4.1厘米
Han Dynasty
Full Length 36.1cm; Width 1.5-2.3cm;
Length of the Knife Body34.6cm; Length
of the Loop-shaped Head 5.7cm; Width of
the Loop-shaped Head 4.1cm

2008年扎赉诺尔博物馆征集
扎赉诺尔博物馆藏

　　刀身细长，两侧平直，一侧较
厚，另一侧较薄。刀身与环首焊接铸
造而成，刀身与刀鞘已不可分离但刀
鞘大都已被腐蚀。刀身短小并有部分
铸入环首内。在刀柄处腐蚀出一凹
槽，刀尖残损。

骨药勺
Bone Medicinal Ladle

汉代
通长10.5、柄长8.5、勺长2、勺宽1、勺厚0.3、直径0.6厘米
Han Dynasty
Full Length 10.5cm; Length of Handle 8.5cm; Length of
Ladle 2cm; Width of Ladle 1cm; Thickness of Ladle0.3cm;
Diameter 0.6cm

扎赉诺尔墓群出土
内蒙古博物院藏

　　浅黄色，表面光滑，柄部呈圆柱状，一端为短圆
锥状，一端与勺子连接。勺子内部呈弧形，顶部为平
沿，背面顶部中间有一凸棱。

煤精带饰
Jet Belt Ornaments

汉代
长4.6~16.2、宽4.5~8.2、厚0.7~1厘米
Han Dynasty
Length 4.6–16.2cm; Width 4.5–8.2cm; Thickness 0.7–1cm

1959年扎赉诺尔墓群出土
内蒙古博物院藏

　　七件一套。黑色，呈圆角长方形或梯形，上面有数量不等的圆形穿孔，单面钻孔或对钻。有的煤精带饰上有长方形孔或弓形孔。其中一件上面刻细线龙纹，三件上面有云纹。器表有的光滑，有的凹凸不平，有些明显可见打制痕迹。

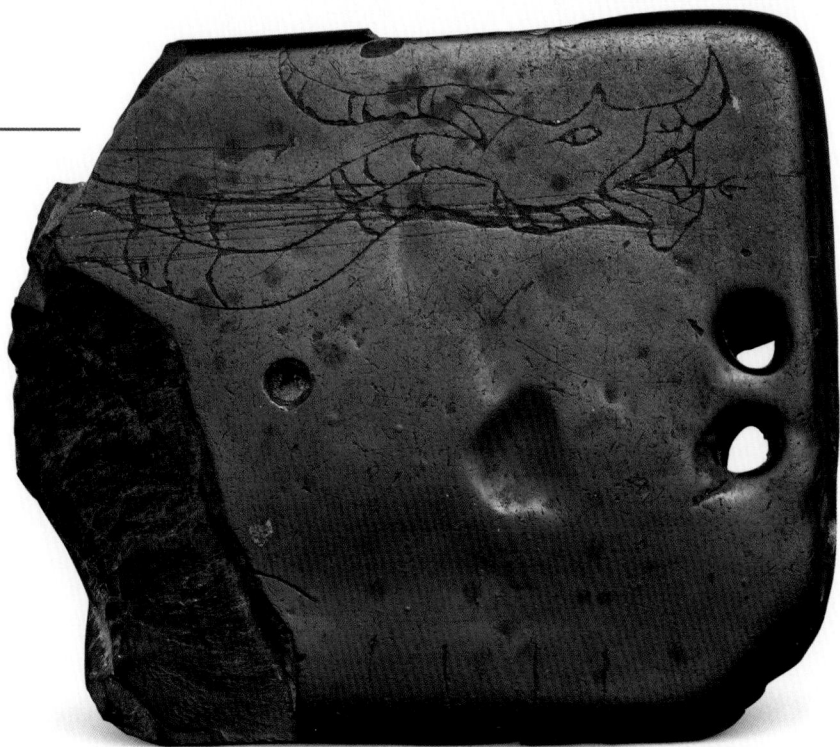

骨带镩
Bone Belt Buckle

汉代
长7.1、宽3.4、厚1.1厘米
Han Dynasty
Length 7.1cm; Width 3.4cm; Thickness 1.1cm

1959年扎赉诺尔墓群出土
内蒙古博物院藏

　　动物骨骼磨制，整体形状前部近梯形，后部呈矩形，正面略凸，背面平直。带头前后各有纵向的哑铃形镂孔，中部一横向矩形镂孔，带头中段侧面有两处镂孔，已钻穿，背面前段可见两平行小镂孔，未钻穿。扣针缺。

骨带镱
Bone Belt Buckle

汉代
长4.9、宽4.7、厚1厘米
Han Dynasty
Length 4.9cm; Width 4.7cm; Thickness 1cm

1960年扎赉诺尔墓群出土
内蒙古博物院藏

扣身呈圆角梯形，扣
环呈工字形，扣针尖部呈
锥状，扣身中部有三个在
一条直线上对钻的圆孔。
正面光滑，有打磨痕迹。

鎏金铜带扣
Gilt Bronze Buckle

汉代
长10.3、宽5.3~6.6厘米
Han Dynasty
Length 10.3cm; Width 5.3–6.6cm

1959年扎赉诺尔墓群出土
内蒙古博物院藏

　　器呈马蹄形，一角缺失。器身铸造飞马纹饰，飞马双翼展开，四蹄腾空，似文献记载的引领拓跋鲜卑南迁的神兽形象。

鎏金铜带扣
Gilt Bronze Buckle

汉代
长10、宽5.2~5.7厘米
Han Dynasty
Length 10cm; Width 5.2–5.7cm

1959年扎赉诺尔墓群出土
内蒙古博物院藏

　　红铜所铸，基本完整，背面后端环纽残缺。前端宽圆，后端窄方。上饰半浮雕飞马纹，作奋力奔跑状，双翅上扬。前端飞马前有一扁形扣孔，后端有两个圆形穿孔。

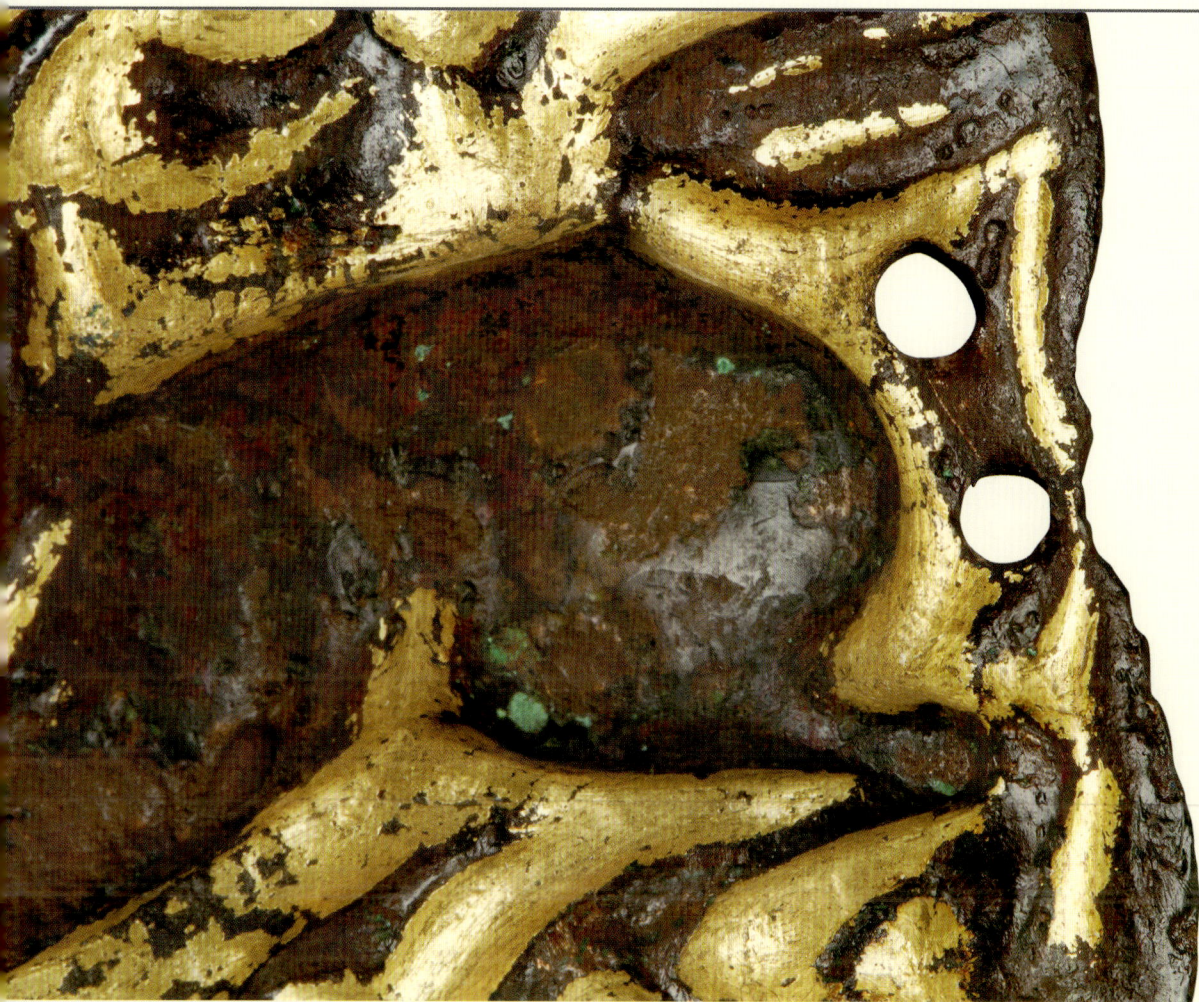

铜饰
Bronze Ornaments

汉代
长3.5~4.5、宽0.5~0.8、厚0.1~0.2厘米
Han Dynasty
Length 3.5–4.5cm; Width 0.5–0.8cm;
Thickness 0.1–0.2cm

1960年扎赉诺尔墓群M29出土
内蒙古博物院藏

　　六件。青铜质地，整体呈长条形，两端为圆珠形，中间为锯齿状。正面外凸背面内凹，可能为额箍饰件。

骨簪
Bone Hairpins

汉代
长4.5~6.5厘米
Han Dynasty
Length 4.5–6.5cm

1962年扎赉诺尔墓群出土
扎赉诺尔博物馆藏

　　三件。长条扁平状，颜色为褐色，磨制而成，中部至两端渐薄，保存完整。

骨锥
Bone Awl

汉代
长10.5、直径1.2厘米
Han Dynasty
Length 10.5cm; Diameter 1.2cm

1986年扎赉诺尔墓群出土
内蒙古博物院藏

　　浅褐色，整体为圆锥
体，表面有多处凹痕，头部
较尖锐，一侧圆滑，一侧有
凸棱，尾部凹凸不平。

骨锥
Bone Awl

汉代
残长5.1、最大径0.7厘米
Han Dynasty
Length of the Remains 5.1cm;
Diameter less than 0.7cm

1986年扎赉诺尔墓群出土
扎赉诺尔博物馆藏

　　残损，磨制，表面光滑。

铜环
Bronze Loop

汉代
直径约4、厚1.2厘米
Han Dynasty
Diameter 4cm; Thickness 1.2cm

1960年扎赉诺尔墓群出土
内蒙古博物院藏

　　青铜制，青色，有褐色锈
斑。由细圆条盘成螺旋环状，
共六层，圆条直径0.1厘米，应
为头部饰品。

铜环
Bronze Loop

汉代
直径3.3～4、厚0.2厘米
Han Dynasty
Diameter 3.3–4cm; Thickness 0.2cm

1960年扎赉诺尔墓群出土
内蒙古博物院藏

　　一件断为两截。近圆形，螺旋
状，锈蚀严重，断为两个环，可能
为头饰。

骨饰件
Bone Ornament

汉代
长1.4、最宽1.2、孔径0.7厘米
Han Dynasty
Length 1.4cm; Width less than 1.2cm;
Diameter of the Hole 0.7cm

1994年扎赉诺尔墓群出土
扎赉诺尔博物馆藏

　　梭形，中间有一圆孔，一
面光滑，一面粗糙。

骨饰件
Bone Ornament

汉代
高0.9、长4.1、宽0.4~0.7、孔径0.4~0.6厘米
Han Dynasty
Height 0.9cm; Length 4.1cm; Width 0.4–0.7cm;
Diameter of the Hole 0.4–0.6cm

1986年扎赉诺尔墓群出土
扎赉诺尔博物馆藏

　　整体呈梭形，利用动物椎骨磨制而
成，中部有一钻孔。

珠饰
Beadrolls

汉代
左：最高1.4、直径1.9厘米
右：高1.2、直径2.2厘米
Han Dynasty
Left: Height less than 1.4cm; Diameter 1.9cm
Right: Height 1.2cm; Diameter 2.2cm

1960年扎赛诺尔墓群出土
扎赛诺尔博物馆藏

　　黑、白各一件，磨制。白色料珠表面光滑，凸缘，中部对钻一椭圆形穿孔。黑色珠饰质地为煤精石，表面有土沁痕迹，中部对钻一细小圆形穿孔。

珠饰
Beadrolls

汉代
浅红色琥珀管珠：高1.7、直径1.3、孔径0.3厘米
深红色玛瑙管珠：高1.7、直径0.8、孔径0.4厘米
金色玻璃珠：高0.9、直径1.2、孔径0.4厘米
蓝色玻璃珠：高0.9、直径1.3、孔径0.4厘米
Han Dynasty
Light Red Amber Pipe: Height 1.7cm; Diameter 1.3cm; Diameter of the Hole 0.3cm
Dark Red Agate Pipe: Height 1.7cm; Diameter 0.8cm; Diameter of the Hole 0.4cm
Golden Bead: Height 0.9cm; Diameter 1.2cm; Diameter of the Hole 0.4cm
Blue Bead: Height 0.9cm; Diameter 1.3cm; Diameter of the Hole 0.4cm

1982年扎赛诺尔墓群出土
呼伦贝尔民族博物院藏

　　四件。其中管状两件，一件为琥珀珠，表面较粗糙，修复完整。另一件为玛瑙珠，较硬，表面光滑，有磨损痕迹。圆珠状两件，一件为双层夹金玻璃珠（Sand with Bead），表面光泽已磨去。一件为蓝色钠钙玻璃珠，表面分割成八瓣花状。

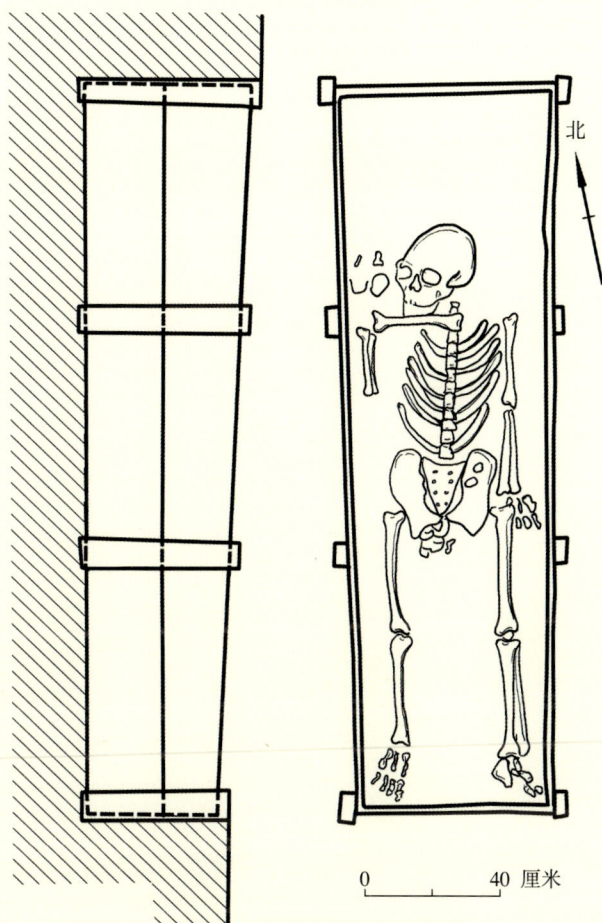

1984年扎赉诺尔墓群M5平剖面图
Plane Chart and Profile of Tomb M5 of Jalainur Tombs Excavated in 1984

金耳环
Gold Earrings

汉代
左：长5、宽2.9厘米
右：长5.5、宽3.1厘米
Han Dynasty
Left: Length 5cm; Width 2.9cm
Right: Length 5.5cm; Width 3.1cm

1984年扎赉诺尔墓群M5出土
呼伦贝尔民族博物院藏

　　二件。形态不一，皆纯金质地。右侧一件以圆柱形金条扭成，分为挂钩和圆形耳饰两部分，金条先以一端圈成挂钩和环状耳饰，然后另一端在中段通体扭转，箍于挂钩上，并形成左右两个小圆圈。左侧一件整体呈环状，由金条弯折而成，挂钩处较细，耳饰部分较粗。

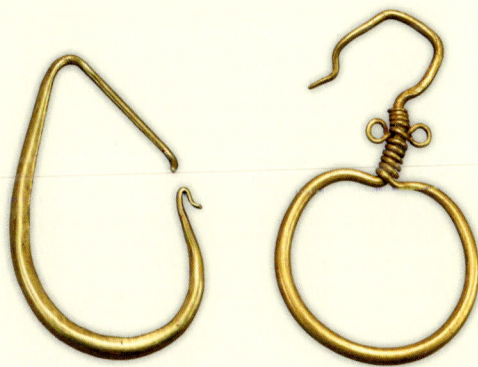

珠饰
Beadrolls

汉代
长1.4~2.1、宽0.8~1.5、厚0.2~0.4厘米
Han Dynasty
Length 1.4–2.1cm; Width 0.8–1.5cm;
Thickness 0.2–0.4cm

1960年扎赉诺尔墓群M15出土
内蒙古博物院藏

　　二件。半透明浅黄色玛瑙珠及绿松石珠各一件，分别呈椭圆形和圆角长方形，其中玛瑙珠有一圆孔。

水晶珠饰
Crystal Beadrolls

汉代
高1.4、直径1.9、孔径0.4厘米
Han Dynasty
Height 1.4cm; Diameter 1.9cm; Diameter of the Hole 0.4cm

1960年扎赉诺尔墓群M5出土
内蒙古博物院藏

　　二件。均为中部钻孔的扁球形，黄色一件残，透明状一件完整。

珠饰
Beadrolls

汉代
高0.5~0.7、直径0.9~1、孔径0.2~0.4厘米
Han Dynasty
Height 0.5–0.7cm; Diameter 0.9–1cm; Diameter of the Hole 0.2–0.4cm

1960年扎赉诺尔墓群M5出土
内蒙古博物院藏

　　二件。皆为扁珠，一颗绿色透明玻璃珠，另一颗透明珠可能为水晶，孔对钻而成。

玛瑙珠饰
Agate Beadroll

汉代
长1.9、宽1、厚0.8、孔径约0.2厘米
Han Dynasty
Length 1.9cm; Width 1cm; Thickness 0.8cm;
Diameter of the Hole 0.2cm

1960年扎赉诺尔墓群M5出土
内蒙古博物院藏

　　红色，玛瑙质地，表面磨光，素面
无纹，珠纵向有一圆孔。

珠饰
Beadrolls

汉代
右：长3.5、横截面直径1.8、孔径0.3厘米
左：长2.2、横截面直径0.7、孔径0.35厘米
Han Dynasty
Right: Length 3.5cm; Cross Sectional Diameter
1.8cm; Diameter of the Hole 0.3cm
Left: Length 2.2cm; Cross Sectional Diameter
0.7cm; Diameter of the Hole0.35cm

1960年扎赉诺尔墓群M5出土
内蒙古博物院藏

　　二件。均磨制，形制不一。其中右
侧个体较大，青绿色，整体呈不规则圆
柱形，中部钻一小孔。左侧呈米白色，
管状，形制规整，打磨光滑，中部钻一
小孔。

绿松石珠饰
Turquoise Beadroll

汉代
长1.4、直径0.8、孔径0.2厘米
Han Dynasty
Length 1.4cm; Diameter 0.8cm; Diameter of
the Hole 0.2cm

1960年扎赉诺尔墓群M5出土
内蒙古博物院藏

　　青色，有白色纹路，绿松石质，表
面光滑，残缺，原器形应为圆柱状，中
间有一穿孔。

珠饰
Beadrolls

汉代
左玻璃珠：高1.1、直径2厘米
右煤精珠：高0.5、直径1.8厘米
Han Dynasty
Left Glass Bead: Height 1.1cm; Diameter 2cm
Right Jet Bead: Height 0.5cm; Diameter 1.8cm

1960年扎赉诺尔墓M5出土
内蒙古博物院藏

　　二件。磨制而成，呈圆柱状，中部开一细小圆孔。一件为黑色煤精珠，表面光滑，素面无纹。另一件为灰黑色钠钙玻璃珠，表面密布小凹坑。

蚌饰
Shell Ornament

汉代
最长4.9、最宽4.2、厚0.2厘米
Han Dynasty
Length less than 4.9cm; Width less than 4.2cm; Thickness 0.2cm

1960年扎赉诺尔墓群M5出土
内蒙古博物院藏

　　磨制光滑，呈马蹄形，中部有两个细孔，因腐蚀，表面分布较多的细小圆孔。

珠饰
Beadrolls

汉代
绿松石珠：高0.4、直径0.9、孔径0.05厘米
黑色玻璃圆珠：高1.1、直径1.2、孔径0.1厘米
红色玛瑙圆珠：高0.5、残径0.9、孔径0.1厘米
棕色玻璃珠：高0.5、直径0.7、孔径0.2厘米
白色玻璃珠：高0.2、直径0.5、孔径0.05厘米
黑色小玻璃圆珠：高0.3、直径0.4、孔径0.1厘米
红色玛瑙扁珠：高1、直径0.5、孔径0.1厘米
黄色玛瑙桶珠：长1.9、宽1.4、厚1、孔径0.3厘米
Han Dynasty
Turquoise Bead: Height 0.4cm; Diameter 0.9cm; Diameter of the Hole 0.05cm
Black Round Glass Beads: Height 1.1cm; Diameter 1.2cm; Diameter of the Hole 0.1cm
Round Red Agate Bead: Height 0.5cm; Diameter Length of the Remains 0.9cm; Diameter of the Hole 0.1cm
Brown Glass Bead: Height 0.5cm; Diameter 0.7cm; Diameter of the Hole 0.2cm
White Glass Bead: Height 0.2cm; Diameter 0.5cm; Diameter of the Hole 0.05cm
Small Round Black Glass Bead: Height 0.3cm; Diameter 0.4cm; Diameter of the Hole 0.1cm
Oblate Red Agate Bead: Height 1cm; Diameter 0.5cm; Diameter of the Hole 0.1cm
Barrel-shaped Yellow Agate Bead:Length 1.9cm; Width 1.4cm; Thickness 1cm; Diameter of the Hole 0.3cm

1986年扎赉诺尔墓群出土
扎赉诺尔博物馆藏

由九颗珠饰组成。其中绿松石一颗，通体磨光。黑色圆珠两颗，黑色为底，上面布满不规则白色圆点。棕色圆珠一颗，通体磨光。玛瑙石珠三颗：红色圆珠形一颗，已残，通体磨光；红色扁圆形一颗，通体磨光；黄色桶珠一颗，玛瑙石两面不平，通体磨光。黑色小圆珠一颗，通体磨光。白色玻璃珠一颗，通体磨光。

石珠
Stone Bead

汉代
长1.2、直径0.6、孔径0.2厘米
Han Dynasty
Length 1.2cm; Diameter 0.6cm; Diameter of
the Hole 0.2cm

1960年扎赉诺尔墓群M7出土
内蒙古博物院藏

　　管状，呈红褐色，外面有白色附着层，出土于墓主人的右手上部。中部有穿孔，平行圆管长轴。

珠饰
Beadrolls

汉代
煤精珠：高1.3、直径1.3、孔径0.3厘米
玻璃珠：管状高1.7、直径2.4、孔径0.6，珠状高2.4、直径2.4、孔径0.3厘米
Han Dynasty
Jet Bead: Height 1.3cm; Diameter 1.3cm; Diameter of the Hole 0.3cm
Glass Beads:
Pipe: Height 1.7cm; Diameter 2.4cm; Diameter of the Hole 0.6cm
Bead: Height 2.4cm; Diameter 2.4cm; Diameter of the Hole 0.3cm

1960年扎赉诺尔墓群出土
内蒙古博物院藏

　　三件。煤料珠，整体为黑色，表面有黄色、白色斑点，残缺。玻璃珠，磨制而成，一件为管状，表面较光滑，另一件为珠状，表面较粗糙，上有涡纹，有小孔。

水晶珠饰
Crystal Beadroll

汉代
长2.2、宽1.5、厚1、孔径0.3厘米
Han Dynasty
Length 2.2cm; Width 1.5cm; Thickness 1cm;
Diameter of the Hole 0.3cm

1960年扎赛诺尔墓群出土
内蒙古博物院藏

　　长方体水晶珠饰，透明，素面光滑，内部有裂纹，有一管状孔，用以穿绳。

煤精珠饰
Jet Beadroll

汉代
高2.1、直径0.6、孔径0.2厘米
Han Dynasty
Height 2.1cm; Diameter 0.6cm; Diameter of
the Hole 0.2cm

1960年扎赛诺尔墓群M15出土
内蒙古博物院藏

　　黑色，煤精石制成。圆柱形，中间有一对钻的圆孔。

玉牌饰
Jade Plates

汉代
左：长6.3、宽8.7、厚1厘米
右：长5.7、宽7.2、厚0.9厘米
Han Dynasty
Left: Length 6.3cm; Width 8.7cm; Thickness 1cm
Right: Length 5.7cm; Width 7.2cm; Thickness 0.9cm

1984年扎赉诺尔墓群出土
呼伦贝尔民族博物院藏

二件。形制均呈长方体，器物两边、底面略外凸呈弧形，磨制较光滑。器物上端磨制较平整。器物上部分接近边缘处均匀钻三个圆孔，较小的牌饰中间圆孔有填充物。器物表面刻双排线"山"字形纹。

玉饰残件
Remains of a Jade Ornament

汉代
残长4.1、残宽2.7、厚0.5、孔径0.3厘米
Han Dynasty
Length of the Remains 4.1cm; Width of the Remains
2.7cm; Thickness 0.5cm; Diameter of the Hole 0.3cm

1960年扎赉诺尔墓群出土
内蒙古博物院藏

　　整体扁薄，以浅浮雕装饰为主，下部略弧，
遍饰卧蚕纹，并钻有一孔。下部残断，应为圆环
的一部分，上饰两圈凸弦纹，还有阴线刻装饰，
上下两部的结合处饰有三出的勾云纹饰。

玉饰件
Jade Ornament

汉代
长5、宽1.6、厚0.3厘米
Han Dynasty
Length 5cm; Width 1.6cm; Thickness
0.3cm

1960年扎赉诺尔墓群出土
内蒙古博物院藏

　　白玉制成，略呈三角形。靠近上边
有一个对钻的圆孔，上边一侧有一个外
凸。正反两面均有两条细线刻纹，正面
还有若干组短小的细线刻纹。

玛瑙饰件
Agate Ornament

汉代
长5.8、直径1.5、孔径0.15厘米
Han Dynasty
Length 5.8cm; Diameter 1.5cm; Diameter
of the Hole 0.15cm

1960年扎赉诺尔墓群出土
内蒙古博物院藏

　　玛瑙制成，近圆柱形，中部略鼓，中间有一个对钻的圆孔。

石环
Stone Loop

汉代
外径7.1、内径2.2、厚0.9厘米
Han Dynasty
Exterior Diameter 7.1cm; Interior Diameter
2.2cm; Thickness 0.9cm

1960年扎赉诺尔墓群出土
内蒙古博物院藏

　　石制，白色，整体呈环形，外缘有磨损残缺。内孔边缘刻划有四条竖线，几近对称。器体表面粗糙，由中部向四周渐薄。

鎏金鹿纹铜牌饰
Gilt Bronze Plate with Deer Design

汉代
长2.5～4.4、宽4.2～4.5、厚0.2～0.3厘米
Han Dynasty
Length 2.5–4.4cm; Width 4.2–4.5cm; Thickness 0.2–0.3cm

1959年扎赉诺尔墓群出土
内蒙古博物院藏

　　二件，均残。青铜铸造，外表鎏金，器体扁薄，正面外凸光滑，背面内凹粗糙。一件的底框为两条弦纹，主体为透雕的两只鹿的形象，呈相同的回首状，原应有三只鹿。头部上方有近圆形的镂空。腿部为直条状，以椭圆形镂空相间隔。另一件仅残存一只鹿回首的形象。

鎏金鹿纹铜牌饰
Gilt Bronze Plate with Deer Design

汉代
长4.4、宽3.5、厚0.1厘米
Han Dynasty
Length 4.4cm; Width 3.5cm; Thickness 0.1cm

1986年扎赉诺尔墓群出土
扎赉诺尔博物馆藏

　　青铜范模铸制，器体扁薄，残缺较甚。正面外凸，背面内凹。器主体为透雕的两只鹿，呈同向站立回首状。

鹿纹金牌饰
Gold Plate with Deer Design

汉代
长4.5、宽5、厚0.3厘米
Han Dynasty
Length 4.5cm; Width 5cm; Thickness 0.3cm

1984年扎赉诺尔墓群M5出土
呼伦贝尔民族博物院藏

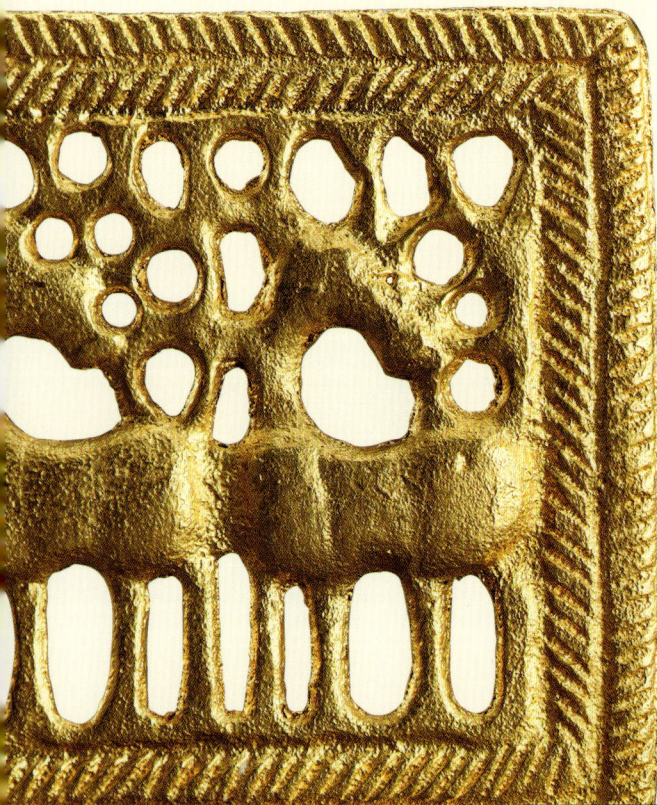

黄金铸造，器体扁而厚，呈长方形，正面外凸光滑，背面内凹粗糙。牌饰四周边框有两周斜线纹，倾斜方向相反。器主体为透雕的两只鹿的形象，呈相同的回首状，原应有三只鹿，残缺。头部上方有近圆形的镂空，右边的一只头部有极小的孔。腿部为直条状，以椭圆形镂空相间隔。

煤精饰件
Jet Ornament

汉代
长6.4、宽2.9、厚3.3厘米
Han Dynasty
Length 6.4cm; Width 2.9cm; Thickness 3.3cm

1984年扎赉诺尔墓群出土
呼伦贝尔民族博物院藏

　　黑色，通体磨光，中间钻一长孔，纵
截面呈椭圆形。

煤精饰件
Jet Ornament

汉代
长13、宽5.9、厚2.8厘米
Han Dynasty
Length 13cm; Width 5.9cm; Thickness 2.8cm

1984年扎赉诺尔墓群出土
呼伦贝尔民族博物院藏

　　黑色，通体磨光，中间钻一长孔，纵
截面为圆角长方形。

石珠
Stone Beads

汉代
长1.8～2.5、宽1.3～1.7、厚0.6～1.1厘米
Han Dynasty
Length 1.8–2.5cm; Width 1.3–1.7cm; Thickness
0.6–1.1cm

1960年扎赉诺尔墓群出土
扎赉诺尔博物馆藏

　　六件一组，均为不规则形状，表面光滑。

玩嘎拉哈是至今盛行的民间娱乐活动，牧民们往往通过抛嘎拉哈的结果来决出胜负或祈求吉祥。

嘎拉哈
Bone Shagai(Children's Game, Similar to Knucklebones)

汉代
均高1.8、长2.9、宽1.9厘米
Han Dynasty
Height 1.8cm; Length 2.9cm; Width 1.9cm

1960年扎赉诺尔墓群出土
扎赉诺尔博物馆藏

五件。也称"羊拐"，取自羊的膝盖骨。

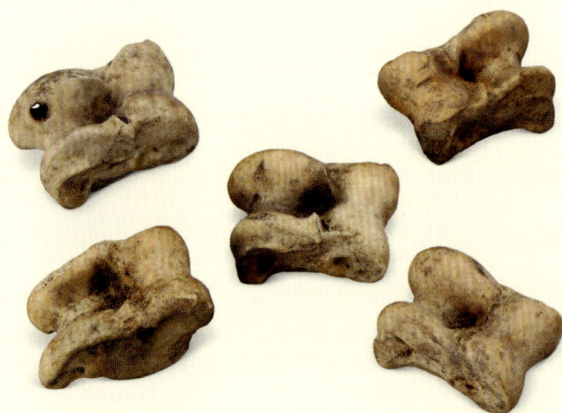

嘎拉哈
Bone Shagai(Children's Game, Similar to Knucklebones)

汉代
左：高1.3、长2.9、宽1.8厘米
右：高1.2、长2.7、宽1.7厘米
Han Dynasty
Left: Height 1.3cm; Length 2.9cm; Width 1.8cm
Right: Height 1.2cm; Length 2.7cm; Width 1.7cm

1986年扎赉诺尔墓群出土
扎赉诺尔博物馆藏

取自羊的膝盖骨。

马蹄骨
Horseshoe Bones

鲜卑时期
长7.7~8.1、宽5.3~5.6、厚2.7~2.9厘米
Xianbei Period
Length 7.7–8.1cm; Width 5.3–5.6cm; Thickness
2.7–2.9cm

1960年扎赉诺尔墓群M8出土
内蒙古博物院藏

四件。马蹄前部的骨骼，表面粗糙，有较多孔隙。呈黄褐色，整体呈半月形，形制相近，前部为正中略凹的圆弧，后部两侧突出，中部内凹，并向上隆起成一个光滑的关节面。马蹄骨一端两侧有钻孔。

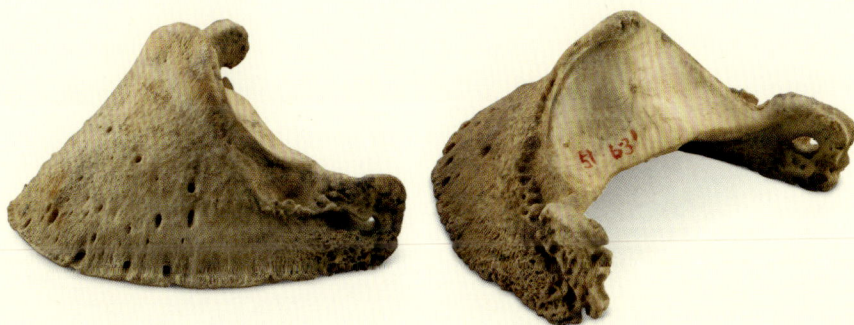

马蹄骨
Horseshoe Bones

汉代
左：长6.6、宽7.8、厚4厘米
右：长6、宽7.8、厚4厘米
Han Dynasty
Left: Length 6.6cm; Width 7.8cm; Thickness 4cm
Right: Length 6cm; Width 7.8cm; Thickness 4cm

1960年扎赉诺尔墓群M3出土
内蒙古博物院藏

二件。马蹄前部的骨骼，表面粗糙，有较多孔隙。整体呈半月形，前部为正中略凹的圆弧，后部两侧突出，中部内凹，并向上隆起形成一个光滑的关节面。马蹄骨在后部两侧钻孔，推测为系绳所用。

狩猎纹骨器
Bone Artifacts with Hunting Design

汉代
长15、宽2~2.6、厚0.4厘米
Han Dynasty
Length 15cm; Width 2–2.6cm; Thickness 0.4cm

1960年扎赉诺尔墓群M17出土
内蒙古博物院藏

　　骨制，整体呈长方形，较薄，一端较宽，另一端较窄，边角圆钝，器体中部已断裂残缺。正面隆起，两段合体后共可见12个较规则的圆形钻孔、三个长条形孔，并刻划有细线条狩猎纹饰。画面一猎人手持弓箭，紧随一奔鹿。背部内凹，为素面。

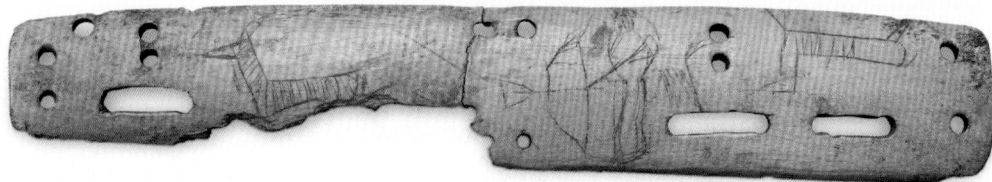

狩猎纹骨器纹饰图
Line Drawing of Bone Artifacts with Hunting Design

0   3 厘米

玉片
Jade Sheets

汉代
左：长10.4、宽7.5、厚0.4、孔径0.2厘米
右：长10.3、宽7.3、厚0.6、孔径0.2厘米
Han Dynasty
Left: Length 10.4cm; Width 7.5cm; Thickness
0.4cm; Diameter of the Hole 0.2cm
Right: Length 10.3cm; Width 7.3cm; Thickness
0.6cm; Diameter of the Hole 0.2cm

1959年扎赉诺尔墓群采集
内蒙古博物院藏

　　二件。青玉饰片，
左侧玉片有白色絮状物，
右侧玉片为素面，表面光
滑，两端均有圆孔，顶端
略窄于底部。边缘平整圆
润，少有缺损。

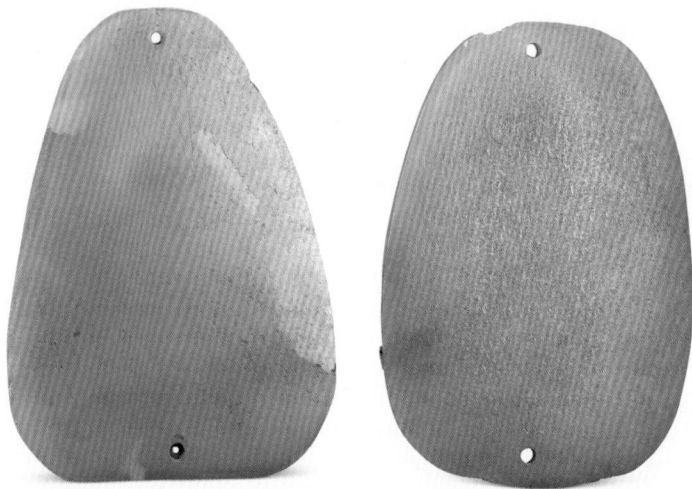

玉环
Jade Loop

汉代
外径12.8、内径8.5、厚0.4厘米
Han Dynasty
Exterior Diameter 12.8cm; Interior Diameter
8.5cm; Thickness 0.4cm

1959年扎赉诺尔墓群采集
内蒙古博物院藏

　　青白色透闪石质，弱玻璃光泽，半
透明，通体抛光。曾断为两半。

皮件
A Piece of Leather

汉代
残长7.4、残宽5.9厘米
Han Dynasty
Length of the Remains 7.4cm; Width of
the Remains 5.9cm

1960年扎赉诺尔墓群M4出土
内蒙古博物院藏

残，腐蚀严重。深褐色，素面，质地较硬，表面有少量青色斑点。

皮件
A Piece of Leather

汉代
长7.5、宽5.5、厚0.5厘米
Han Dynasty
Length 7.5cm; Width 5.5cm; Thickness 0.5cm

扎赉诺尔墓群出土
内蒙古博物院藏

残，棕褐色，不规则形状，有大量黑色附着物。

皮件
A Piece of Leather

汉代
长6.2、宽4.8、厚0.2厘米
Han Dynasty
Length 6.2cm; Width 4.8cm; Thickness 0.2cm

1960年扎赉诺尔墓群M14出土
内蒙古博物院藏

残，深褐色，长方形，一边卷曲。

丝织品
Silk Fabric

汉代
长10.2、最宽6.5厘米
Han Dynasty
Length 10.2cm; Width less than 6.5cm

1960年扎赉诺尔墓群M13出土
内蒙古博物院藏

灰褐色，细线编织而成。

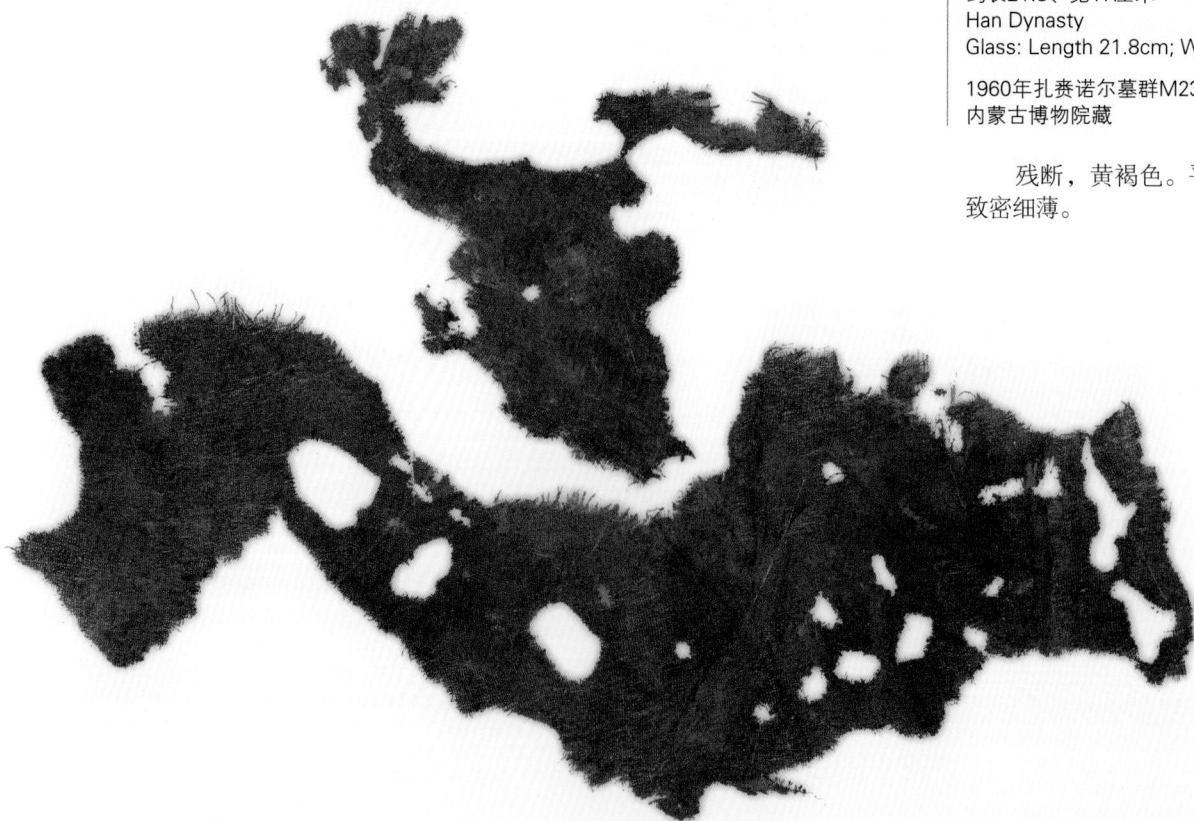

丝织品
Silk Fabric

汉代
约长21.8、宽17厘米
Han Dynasty
Glass: Length 21.8cm; Width 17cm

1960年扎赉诺尔墓群M23出土
内蒙古博物院藏

残断，黄褐色。平纹组织，致密细薄。

丝织品
Silk Fabric

汉代
最长24、最宽11.4厘米
Han Dynasty
Length less than 24cm; Width less than 11.4cm

扎赉诺尔墓群出土
内蒙古博物院藏

条带，丝线编织而成。

丝织品
Silk Fabric

汉代
长52、宽13厘米
Han Dynasty
Length 52cm; Width 13cm

1960年扎赉诺尔墓群M27出土
内蒙古博物院藏

　　残断，整体呈棕褐色，
丝线编织而成。

丝织品
Silk Fabric

汉代
长7.7、最宽4.4厘米
Han Dynasty
Length 7.7cm; Width less than 4.4cm

1960年扎赉诺尔墓群M5出土
内蒙古博物院藏

整体呈灰褐色，细丝线编织而成。

木棺残块
Remains of a Wooden Coffin

汉代
长12.2、宽2.3、厚2.2厘米
Han Dynasty
Length 12.2cm; Width 2.3cm; Thickness 2.2cm

1960年扎赉诺尔墓群M27出土
内蒙古博物院藏

呈长方形，黄褐色。正面有一小凹槽，
右侧有一圆形穿孔。

　　2011～2012年，中国社会科学院考古研究所内蒙古考古队、呼伦贝尔文物管理委员会等在蘑菇山发掘了12座墓葬，为鲜卑时期历史研究提供了丰富的考古资料，这是近年来最为重要的鲜卑考古工作。

扎赉诺尔区蘑菇山墓群远景（由东北往西南）
Distant Shot of Mogushan Tombs in Jalainur District (From Northeast to Southwest)

扎赉诺尔区蘑菇山墓群远景（由东往西）
Distant Shot of Mogushan Tombs in Jalainur District (From East to West)

扎赉诺尔区蘑菇山墓群远景（由东南往西北）
Distant Shot of Mogushan Tombs in Jala...
District (From Southeast to Northwest)

扎赉诺尔区蘑菇山墓群（由东南往西北）
Mogushan Tombs in Jalainur District (From Southeast to Northwest)

扎赉诺尔区蘑菇山墓群（由东北往西南）
Distant Shot of Mogushan Tombs in Jalainur District (From Northeast to Southwest)

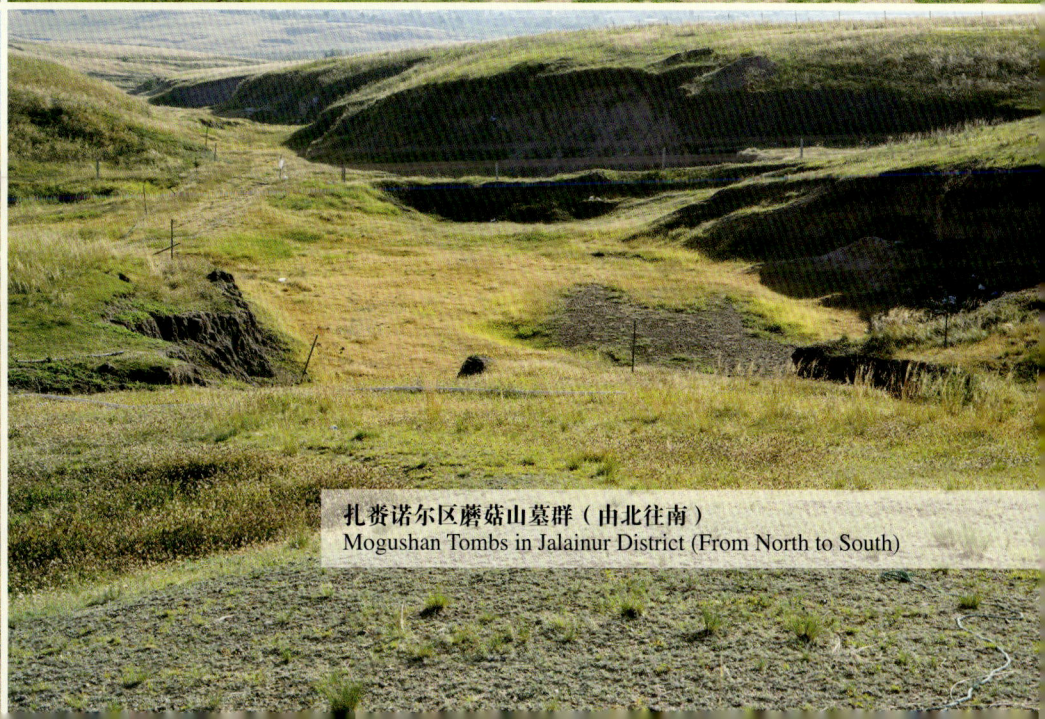

扎赉诺尔区蘑菇山墓群（由北往南）
Mogushan Tombs in Jalainur District (From North to South)

嘎拉哈
Bone Shagai(Children's Game, Similar to Knucklebones)

鲜卑时期
长3.2、宽2.1厘米
Xianbei Period
Length 3.2cm; Width 2.1cm

2011年扎赉诺尔区蘑菇山墓群M1出土
呼伦贝尔民族博物院藏

通体为浅黄色和褐色，取自羊的膝盖骨，共有四个面，形状不一。

煤精珠饰
Jet Beadrolls

鲜卑时期
长2.1~2.8、宽0.5~1.7、厚0.5~0.7厘米
Xianbei Period
Length 2.1–2.8, Width 0.5–1.7, Thickness 0.5–0.7cm

2011年扎赉诺尔区蘑菇山墓群M1出土
呼伦贝尔民族博物院藏

三件。煤精石，黑色，保存完整。两件为四棱体，中间平行短轴方向钻孔。一件为水滴形，中间有一凸棱，顶部有一细孔，用以穿绳。

玻璃珠饰
Glass Beadrolls

鲜卑时期
高0.2~0.9、直径0.2~1.1、孔径0.1~0.4厘米
Xianbei Period
Height 0.2–0.9cm; Diameter0.2–1.1cm; Diameter
of the Hole 0.1–0.4cm

2011年扎赉诺尔区蘑菇山墓群M1出土
呼伦贝尔民族博物院藏

九件。多为扁珠，孔在中间平行短轴方向。四件金黄色料珠为源自古罗马帝国的双层夹金玻璃珠，其他有绿色、浅褐色钠钙玻璃珠饰，大小不一，有磨损。

陶罐
Pottery Jar

鲜卑时期
高13.8、口径12、腹径12.4、底径8.4厘米
Xianbei Period
Height 13.8cm; Mouth Diameter 12cm; Belly
Diameter 12.4cm; Bottom Diameter 8.4cm

2011年扎赉诺尔区蘑菇山墓群M1出土
呼伦贝尔民族博物院藏

　　手制。夹砂，主体呈灰褐色，局部呈
浅褐色，胎体较厚。侈口，圆唇，有裂
纹，短束颈，圆鼓腹，圈足底外撇，为浅
褐色，有残缺。素面。

陶罐
Pottery Jar

鲜卑时期
高7.7、口径10.7、底径6厘米
Xianbei Period
Height 7.7cm; Mouth Diameter 10.7cm;
Bottom Diameter 6cm

2011年扎赉诺尔区蘑菇山墓群M2出土
呼伦贝尔民族博物院藏

　　手制。夹砂灰陶，胎质疏松，
胎体厚重。侈口尖圆唇，口沿残
损，腹部向下弧收，平底。素面，
内、外壁皆有烟炱痕迹。

陶壶
Pottery Vessel

鲜卑时期
高9.2、口径4.8、腹径6.9、底径4.5厘米
Xianbei Period
Height 9.2cm; Mouth Diameter 4.8cm; Belly
Diameter 6.9cm; Bottom Diameter 4.5cm

2011年扎赉诺尔区蘑菇山墓群M2出土
呼伦贝尔民族博物院藏

　　手制。夹砂红陶，侈口，束颈，折
肩，垂腹，平底，有破损。素面，有烟
炱痕迹。

陶罐
Pottery Jar

鲜卑时期
高12、口径11.8、腹径10.6、底径7.5厘米
Xianbei Period
Height 12cm; Mouth Diameter 11.8cm; Belly Diameter
10.6cm; Bottom Diameter 7.5cm

2011年扎赉诺尔区蘑菇山墓群M3出土
呼伦贝尔民族博物院藏

　　手制。泥质黄褐陶，局部夹杂灰黑色，陶质
疏松，胎体较厚。敞口，圆唇，颈部有一周凸泥
带，弧腹向下内收，平底。

铁耳环
Iron Earring

鲜卑时期
长0.6、宽0.5厘米
Xianbei Period
Length 0.6cm; Width 0.5cm

2011年扎赉诺尔区蘑菇山墓群M2出土
呼伦贝尔民族博物院藏

　　整体呈水滴状，系一根铁丝
弯折而成，铁丝两端结合处相互
交叠，表面锈蚀严重。

铁扣
Iron Buckle

鲜卑时期
长4.8、宽4.4、厚0.7厘米
Xianbei Period
Length 4.8cm; Width 4.4cm; Thickness 0.7cm

2011年扎赉诺尔区蘑菇山墓群M3出土
呼伦贝尔民族博物院藏

　　锈蚀严重。一角已残，呈"э"形，
器体表面有木屑残留。

石镞
Stone Arrowhead

鲜卑时期
长7.1、最宽1.4、最厚0.6厘米
Xianbei Period
Length 7.1cm; Width less than 1.4cm;
Thickness less than 0.6cm

2011年扎赉诺尔区蘑菇山墓群M3出土
呼伦贝尔民族博物院藏

　　整体呈柳叶状，顶部尖锐，尾部
呈弧形，中间凸起较厚，向两侧渐
细，两侧均为锯齿状，两面均有人工
压剥打制的痕迹。

铁镞
Iron Arrowhead

鲜卑时期
残长11、镞顶宽3.2、木杆直径1.2厘米
Xianbei Period
Length of the Remains 11cm; Width of the Top of the
Arrowhead 3.2cm; Diameter of the Handle 1.2cm

2011年扎赉诺尔区蘑菇山墓群M3出土
呼伦贝尔民族博物院藏

由镞和木柄两部分组成，用铁丝加以固定。铁质部分腐朽严重，表面覆盖黄褐色土，侧面有一木杆，较短。木柄较长，断裂，表面有铁锈的痕迹。

铁镞
Iron Arrowhead

鲜卑时期
残长7.3厘米
Xianbei Period
Length of the Remains 7.3cm

2011年扎赉诺尔区蘑菇山墓群M3出土
呼伦贝尔民族博物院藏

残。尖部已存部分为三棱形。尾部为长条状，上面留有木杆痕迹。

铁镞
Iron Arrowhead

鲜卑时期
长4.8、宽1.7厘米
Xianbei Period
Length 4.8cm; Width 1.7cm

2011年扎赉诺尔区蘑菇山墓群M3出土
呼伦贝尔民族博物院藏

　　锈蚀严重。镞锋已残，镞铤
呈圆锥状。镞身与镞铤为一体，
镞铤外层木质包裹物尚存。

铁镞
Iron Arrowhead

鲜卑时期
残长5.2厘米
Xianbei Period
Length of the Remains 5.2cm

2011年扎赉诺尔区蘑菇山墓群M3出土
呼伦贝尔民族博物院藏

　　残。尖部较尖锐，尾部残存
木质镞杆的痕迹，周围有一圈凸
棱，腐朽严重。

玻璃珠饰
Glass Beadrolls

鲜卑时期
高0.5、直径1、孔径0.3~0.5厘米
Xianbei Period
Height 0.5cm; Diameter 1cm; Diameter
of the Hole 0.3–0.5cm

2011年扎赉诺尔区蘑菇山墓群M3出土
呼伦贝尔民族博物院藏

　　二件。黑色，钠钙玻璃，圆筒
形，均对钻一个圆孔。

木珠饰
Wooden Beadroll

鲜卑时期
高1.1、直径1.4、孔径0.5厘米
Xianbei Period
Height 1.1cm; Diameter 1.4cm;
Diameter of the Hole 0.5cm

2011年扎赉诺尔区蘑菇山墓群M3出土
呼伦贝尔民族博物院藏

　　手制。圆筒形，对钻一个圆
孔，素面。

金耳环
Gold Earring

鲜卑时期
直径1.1、厚0.2厘米
Xianbei Period
Diameter 1.1cm; Thickness 0.2cm

2011年扎赉诺尔区蘑菇山墓群M3出土
呼伦贝尔民族博物院藏

　　耳环由金箔卷制而成的管状
金条弯折而成，制作粗糙。

据研究，此类珠子所含SiO_2通常达到或者接近90%，而其他助熔剂氧化物的含量比较低，因此其熔点较高，不易完全熔融成为玻璃。所以，这类珠子也被称为玻砂珠。其中都含有较高含量的CuO，这是其显蓝色的主要原因。由于熔融很差，这类珠子并不透明，且极易风化。蘑菇山的此类饰珠具备较为典型的中国产费昂斯的特征，含有高的P_2O_5含量，同时又含有接近的CaO含量，也许表明制作这类珠子时可能加入一定量的骨灰作为助熔剂。

玻璃珠饰
Glass Beadrolls

鲜卑时期
棕色玻璃珠：高0.3~0.5、直径0.3~0.7、孔径0.2厘米
青白色费昂斯珠：高0.3~0.4、直径0.4~0.7、孔径0.2厘米
Xianbei Period
Brown Bead: Height 0.3–0.5cm; Diameter 0.3–0.7cm; Diameter of the Hole 0.2cm
Bluish White Faience Bead: Height 0.3–0.4cm; Diameter 0.4–0.7cm; Diameter of the Hole 0.2cm

2011年扎赉诺尔区蘑菇山墓群M4出土
呼伦贝尔民族博物院藏

　　19颗。按颜色可分为两类：棕色钠钙玻璃珠13颗和青白色费昂斯（Faience）珠六颗。第二横排的玻璃珠的穿孔平行圆管长轴，费昂斯珠表面粗糙，中部鼓出。

金马饰
Horse-shaped Gold Ornament

鲜卑时期
长3.4、宽1.2、厚0.1厘米
Xianbei Period
Length 3.4cm; Width 1.2cm; Thickness 0.1cm

2011年扎赉诺尔区蘑菇山墓群M4出土
呼伦贝尔民族博物院藏

　　器体扁薄，正面外凸光滑，背面内凹
粗糙。马的头部有圆形凸起，颈部有鬃毛
的图案，四肢已残缺。

陶罐
Pottery Jar

鲜卑时期
高16.7、口径13.2、腹径12.1、底径7.5厘米
Xianbei Period
Height 16.7cm; Mouth Diameter 13.2cm;
Belly Diameter 12.1cm; Bottom Diameter 7.5cm

2011年扎赉诺尔区蘑菇山墓群M5出土
呼伦贝尔民族博物院藏

　　手制。夹砂，内、外壁均为黄褐色，胎质坚硬，胎体较薄。敞口，圆唇，直颈，颈上饰一圈附加堆纹，上面印压短斜向条形纹，腹微斜，平底，底部略残。外壁有黑色烟炱，内壁亦有少部分黑色烟炱。

铁刀
Iron Knife

鲜卑时期
残长5.8、宽2.5厘米
Xianbei Period
Length of the Remains 5.8cm; Width 2.5cm

2011年扎赉诺尔区蘑菇山墓群M5出土
呼伦贝尔民族博物院藏

　　由刀鞘和铁刀组成。刀鞘木制，外包裹桦树皮。铁刀残断，锈蚀严重，已与刀鞘不可分离，其尾部可见环首痕迹。

木箭杆
Wooden Arrow Shafts

鲜卑时期
残长3~14.8、厚0.6~0.8厘米
Xianbei Period
Length of the Remains 3–14.8cm; Thickness 0.6–0.8cm

2011年扎赉诺尔区蘑菇山墓群M5出土
呼伦贝尔民族博物院藏

木质，褐色，已残，长短不一，已腐蚀，易碎。

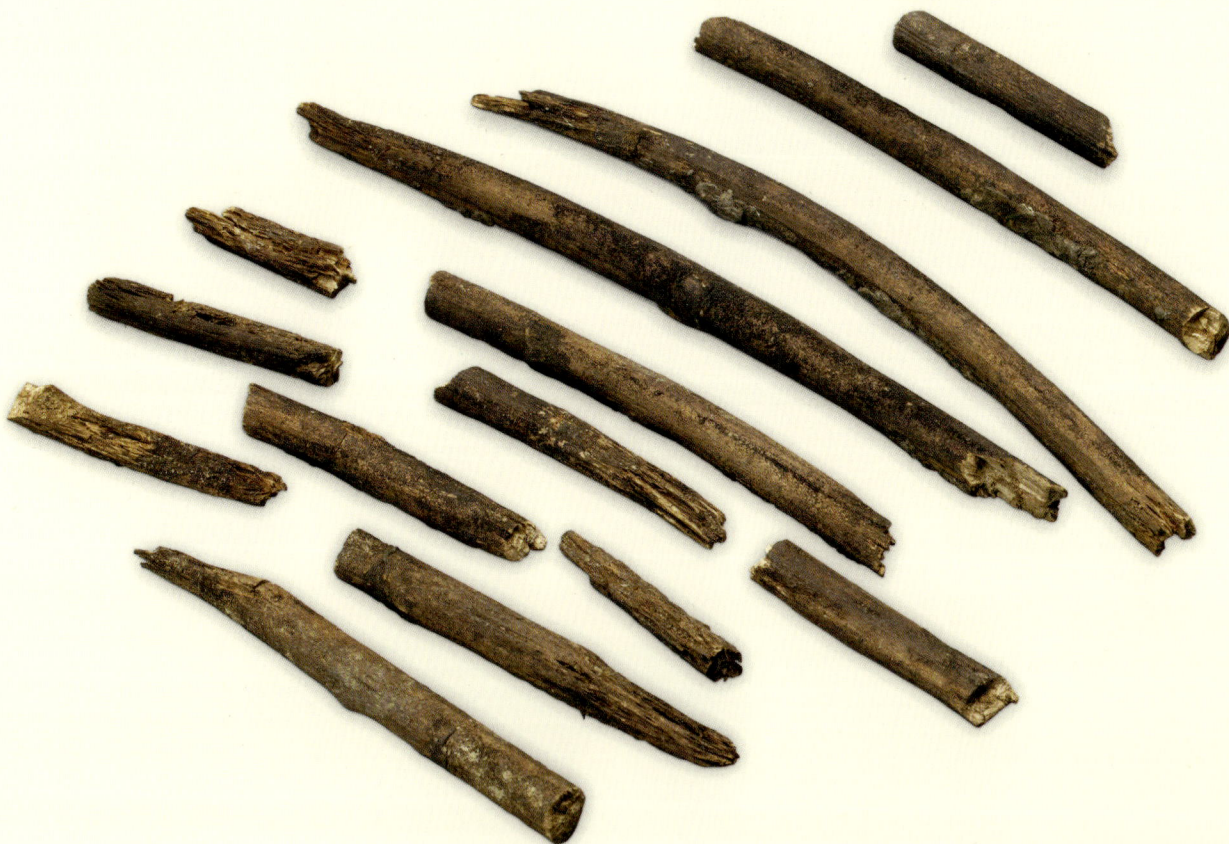

双禽交颈铜饰件
Bronze Ornament with Two Neck-twisted Birds Design

鲜卑时期
长9.6、宽4.8厘米
Xianbei Period
Length 9.6cm; Width 4.8cm

2011年扎赉诺尔区蘑菇山墓群M5出土
呼伦贝尔民族博物院藏

　　青铜铸造，锈蚀严重。整体为弧状矩形，边角
圆钝。矩形内铸有镂空双禽交颈纹饰。

铜带扣及布片
Bronze Buckle and a Cloth

鲜卑时期
带扣长4.1、宽3.7、厚0.3厘米
Xianbei Period
Buckle: Length 4.1cm; Width 3.7cm; Thickness 0.3cm

2011年扎赉诺尔区蘑菇山墓群M5出土
呼伦贝尔民族博物院藏

　　带扣为青铜质地，略呈椭圆形。布残损严重，表面附有黑色颗粒。

麻布片
A Piece of Linen

鲜卑时期
残长10.8、残宽6厘米
Xianbei Period
Length of the Remains 10.8cm; Width of the Remains 6cm

2011年扎赉诺尔区蘑菇山墓群M5出土
呼伦贝尔民族博物院藏

　　麻布残片呈长条形，一面可见腰带的印纹和铁锈，推测是衣服的一部分，当时其上应系有腰带。

银耳环
Sliver Earring

鲜卑时期
耳环残长1.7厘米
Xianbei Period
Length of the Remains 1.7cm

2011年扎赉诺尔区蘑菇山墓群M5出土
呼伦贝尔民族博物院藏

　　银耳环残，略呈半圆形。耳环底部弯曲有一小环，尚残留麻绳或丝绳饰物痕迹。

铜耳环
Bronze Earring

鲜卑时期
直径1.1~1.9、环横截面径0.2厘米
Xianbei Period
Diameter 1.1–1.9cm; Cross Sectional Diameter 0.2cm

2011年扎赉诺尔区蘑菇山墓群M5出土
呼伦贝尔民族博物院藏

　　绿色，多锈斑。器体主体呈不规则椭圆形，一端宽，一端窄。窄端两头未相接，用于穿过耳部。

珠饰
Beadrolls

鲜卑时期
绿松石长0.8~1.8、圆珠径0.5~1.1厘米
Xianbei Period
Length of the Turquoise 0.8–1.8cm; Diameter
of Beads 0.5–1.1cm

2011年扎赉诺尔区蘑菇山墓群M5出土
呼伦贝尔民族博物院藏

　　11件。其中圆珠为八件，圆珠分别为
绿、黑、红等颜色，质地分别为绿松石、
陶土、琥珀。每颗均有穿孔，用于穿绳。
三件绿松石呈不规则形，顶端均有圆孔，
表面光滑。

琥珀珠饰
Amber Beadrolls

鲜卑时期
长0.3~0.5厘米
Xianbei Period
Length 0.3–0.5cm

2011年扎赉诺尔区蘑菇山墓群M5出土
呼伦贝尔民族博物院藏

　　残，红色，从横断面推断有
一圆孔，用以穿绳。

玻璃珠饰
Glass Beadroll

鲜卑时期
Xianbei Period

2011年扎赉诺尔区蘑菇山墓群M5出土
呼伦贝尔民族博物院藏

　　残，蓝色半透明，为费昂斯
珠，从横断面推断有一圆孔，用
以穿绳。

陶罐
Pottery Jar

鲜卑时期
高14.2、口径12.2、腹径11、底径7.6厘米
Xianbei Period
Height 14.2cm; Mouth Diameter 12.2cm; Belly
Diameter 11cm; Bottom Diameter 7.6cm

2011年扎赉诺尔区蘑菇山墓群M6出土
呼伦贝尔民族博物院藏

　　手制。夹砂灰陶，胎质较厚。侈口，
微弧腹，平底。素面。

砍砸器
Stone Chopper

鲜卑时期
残长10.7、宽4.9~7、厚2.6厘米
Xianbei Period
Length of the Remains 10.7cm; Width 4.9–
7cm; Thickness 2.6cm

2011年扎赉诺尔区蘑菇山墓群M6出土
呼伦贝尔民族博物院藏

　　黄褐色，刃部略呈圆弧状，可见打制
痕迹。

铁带扣
Iron Buckle

鲜卑时期
残长8.4、残宽6.7、厚1~1.8厘米
Xianbei Period
Length of the Remains 8.4cm; Width of the Remains
6.7cm; Thickness 1–1.8cm

2011年扎赉诺尔区蘑菇山墓群M6出土
呼伦贝尔民族博物院藏

　　锈蚀严重，器体表面附有数层较薄布纹。
铁扣一角已残缺。

铁带扣
Iron Buckle

鲜卑时期
残长5.1、厚0.5~1厘米
Xianbei Period
Length of the Remains 5.1cm; Thickness 0.5–1cm

2011年扎赉诺尔区蘑菇山墓群M6出土
呼伦贝尔民族博物院藏

　　锈蚀较重，器体表面附有数层较薄布
纹，残缺严重。

铁片
Iron Sheet

鲜卑时期
直径4.5厘米
Xianbei Period
Diameter 4.5cm

2011年扎赉诺尔区蘑菇山墓群M6出土
呼伦贝尔民族博物院藏

圆形，锈蚀严重。

铁片
Iron Sheet

鲜卑时期
直径5.3、厚0.2～0.5厘米
Xianbei Period
Diameter 5.3cm; Thickness 0.2-0.5cm

2011年扎赉诺尔区蘑菇山墓群M6出土
呼伦贝尔民族博物院藏

圆形，表面锈蚀严重。

骨镞
Bone Arrowhead

鲜卑时期
长5、孔径0.9厘米
Xianbei Period
Length 5cm; Diameter of the Hole 0.9cm

2011年扎赉诺尔区蘑菇山墓群M6出土
呼伦贝尔民族博物院藏

　　箭头素面无纹，头部削成四棱状，底部开孔，便于插入箭杆。

骨弓弭
Bone Bow Strengtheners

鲜卑时期
长2.2~13.5、宽0.4~1.6厘米
Xianbei Period
Length 2.2–13.5cm; Width 0.4–1.6cm

2011年扎赉诺尔区蘑菇山墓群M6出土
呼伦贝尔民族博物院藏

　　五件。呈长条状，其中一件骨器一段开一半圆形孔，疑为骨弓弭。

骨器
Bone Implement

鲜卑时期
高1.7、长3.1、宽2.3厘米
Xianbei Period
Height 1.7cm; Length 3.1cm; Width 2.3cm

2011年扎赉诺尔区蘑菇山墓群M6出土
呼伦贝尔民族博物院藏

　　器呈椭圆柱体，素面无纹，出土于墓室西南角人骨腿部距墓口深1.1米处。

铁带扣
Iron Buckle

鲜卑时期
长5.1、宽2.8、厚0.8厘米
Xianbei Period
Length 5.1cm; Width 2.8cm; Thickness 0.8cm

2011年扎赉诺尔区蘑菇山墓群M6出土
呼伦贝尔民族博物院藏

锈蚀严重。一端为圆环形，一端为圆锥形。带扣表面有零星分布的细小附着物。

玻璃珠饰
Glass Beadroll

鲜卑时期
高0.8、直径0.7、孔径0.3厘米
Xianbei Period
Height 0.8cm; Diameter 0.7cm; Diameter of the Hole 0.3cm

2011年扎赉诺尔区蘑菇山墓群M6出土
呼伦贝尔民族博物院藏

圆珠，蓝色，钠钙玻璃，因铜含量高而呈蓝色。表面磨光，有残损漏孔。中间钻一圆孔，圆孔两端不平整。

玛瑙珠饰
Agate Beadroll

鲜卑时期
直径1.2厘米
Xianbei Period
Diameter 1.2cm

2011年扎赉诺尔区蘑菇山墓群M6出土
呼伦贝尔民族博物院藏

圆形，白色带有黄色皮，表面经磨制，有残损孔洞。

颅骨
Skull

鲜卑时期
颅高15.3、颅长18.4、面宽15.1厘米
Xianbei Period
Height of the Skull 15.3cm; Length of the
Skull 18.4cm; Width of the Face 5.1cm

2012年扎赉诺尔区蘑菇山墓群M7出土
扎赉诺尔博物馆藏

　　头部保存完整，整体呈黄褐色，
下颌骨残缺。顶面呈卵圆形，表面结
节明显，眉弓相对粗壮，颧骨相对突
出，残留有门齿和臼齿11颗，牙齿磨
损严重，其中铲形门齿两颗，具有典
型蒙古人种特征。

陶罐
Pottery Jar

鲜卑时期
高15.4、口径13.2、腹径13.5、底径8.4厘米
Xianbei Period
Height 15.4cm; Mouth Diameter 13.2cm; Belly
Diameter 13.5cm; Bottom Diameter 8.4cm

2011年扎赉诺尔区蘑菇山墓群M7出土
呼伦贝尔民族博物院藏

　　手制。夹砂灰陶，胎体较厚。圆唇，侈
口，上有两条裂纹，鼓腹，平底。素面，有
火烧痕迹。

铁带饰残件
Iron Belt Ornaments

鲜卑时期
残长3.5~4、残宽4.4~4.9厘米
Xianbei Period
Length of the Remains 3.5–4cm; Width of the
Remains 4.4–4.9cm

2011年扎赉诺尔区蘑菇山墓群M7出土
呼伦贝尔民族博物院藏

　　残存五段，锈蚀严重，可分辨出带扣一
件，心形带銙两件，带饰残件外部均可见布
纹痕迹。

骨镞
Bone Arrowhead

鲜卑时期
残长7.9、箭头长3、铤长4.9厘米
Xianbei Period
Length of the Remains 7.9cm; Length of Top of the
Arrowhead 3cm; the Length of *Ding*(the part plugging
the arrowhead into the arrow body) 4.9cm

2011年扎赉诺尔区蘑菇山墓群M7出土
呼伦贝尔民族博物院藏

　　黄褐色，磨制而成。箭头中脊突出，向两侧
刃缘渐薄。箭铤一段为圆柱状，一段为四棱状。

扎赉诺尔区蘑菇山墓群M8出土人骨及随葬品（由西南往东北）
Human Skeleton and Burial Accessories in Tomb M8 in Mogushan Tombs in Jalainur
District (From Southwest to Northeast)

陶罐
Pottery Jar

鲜卑时期
高17、口径15、腹径15、底径8厘米
Xianbei Period
Height 17cm; Mouth Diameter 15cm; Belly
Diameter 15cm; Bottom Diameter 8cm

2012年扎赉诺尔区蘑菇山墓群M8出土
呼伦贝尔民族博物院藏

　　手制。夹砂红陶罐，胎体较厚，
敞口圆唇，口沿下饰一圈附加堆纹，
上部按压斜向篦纹，长鼓腹，平底。
内、外壁均可见烟炱痕迹。

漆器残片
Lacquer Fragment

鲜卑时期
残长3.6、残宽3、厚1.3厘米
Xianbei Period
Length of the Remains 3.6cm; Width of
the Remains 3cm; Thickness 1.3cm

2012年扎赉诺尔区蘑菇山墓群M8出土
呼伦贝尔民族博物院藏

　　呈不规则形状。夹纻胎，表层为
红漆，中间为一层麻布。

漆器残片
Lacquer Fragments

鲜卑时期
残长3.3、残宽2.4、厚0.6厘米
Xianbei Period
Length of the Remains 3.3cm; Width of
the Remains 2.4cm; Thickness 0.6cm

2012年扎赉诺尔区蘑菇山墓群M8出土
呼伦贝尔民族博物院藏

　　呈不规则形状。夹纻胎，表层为
红漆，下为胎体。器体中央有两处圆
形钻孔。

铜扣
Bronze Buckle

鲜卑时期
长径2.8、短径2.5厘米
Xianbei Period
Major Diameter 2.8cm; Minor Diameter 2.5cm

2012年扎赉诺尔区蘑菇山墓群M8出土
呼伦贝尔民族博物院藏

　　近椭圆形，正面略外凸，背面内凹，有一桥形纽。

铜扣
Bronze Buckle

鲜卑时期
直径2.3、厚0.4厘米
Xianbei Period
Diameter 2.3cm; Thickness 0.4cm

2012年扎赉诺尔区蘑菇山墓群M8出土
呼伦贝尔民族博物院藏

　　圆形，正面略凸，略有残损，背面有一纽。

铜扣及布片
Bronze Buckle and a Cloth

鲜卑时期
直径1.5、厚0.4厘米
Xianbei Period
Diameter 1.5cm; Thickness 0.4cm

2012年扎赉诺尔区蘑菇山墓群M8出土
呼伦贝尔民族博物院藏

　　圆形，正面外凸，一侧有一
圆孔。背面较平，有拱形孔，孔
内还有线的残留痕迹。铜扣带有
相同大小的一块布。

铁带扣
Iron Buckle

鲜卑时期
长3、宽2.6、厚0.9厘米
Xianbei Period
Length 3cm; Width 2.6cm; Thickness 0.9cm

2012年扎赉诺尔区蘑菇山墓群M8出土
呼伦贝尔民族博物院藏

　　锈蚀严重。大体呈矩形，一端钻有
一圆形孔。背面有残存麻布片。

扎赉诺尔区蘑菇山墓群M8出土金腰带（由东南往西北）
Gold Belt in Tomb M8 in Mogushan Tombs in Jalainur District (From Southeast to Northwest)

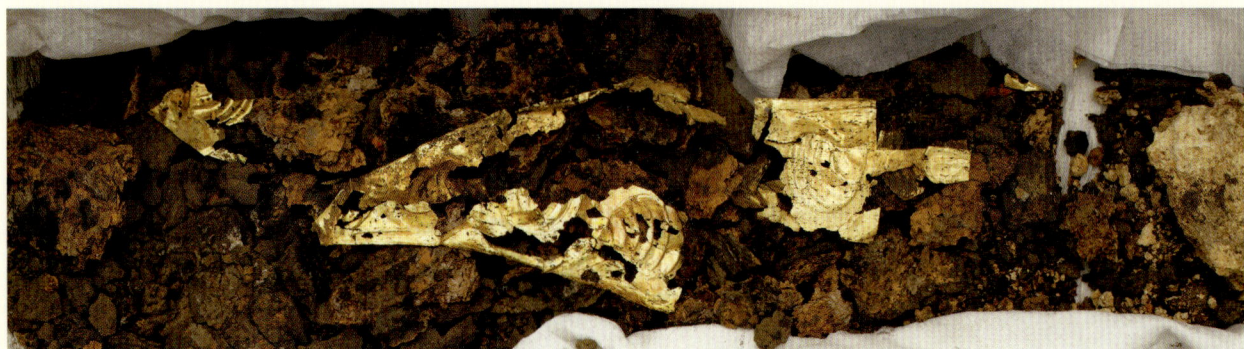

金腰带
Gold Belt

鲜卑时期
金箔残长12.5、残宽约3.6厘米
Xianbei Period
Length of the Remains of the goldleaf 12.5cm; Width of the Remains 3.6cm

2012年扎赉诺尔区蘑菇山墓群M8出土
呼伦贝尔民族博物院藏

　　腰带保存状况较差，基本朽坏，仅可见零星皮革残片和金箔，推测原本为包金的皮腰带。金箔薄如蝉翼，上部可见压印的叶片纹。

扎赉诺尔区蘑菇山墓群M8出土弧形玛瑙坠饰及珠饰（由东南往西北）
Agate Ornament and Bead Ornaments in Tomb M8 in Mogushan Tombs in Jalainur District (From Southeast to Northwest)

玻璃珠饰
Glass Beadrolls

鲜卑时期
长0.9~1.5、宽0.5~0.9、厚0.5~0.8厘米
Xianbei Period
Length 0.9–1.5cm; Width 0.5–0.9cm; Thickness 0.5–0.8cm

2012年扎赉诺尔区蘑菇山墓群M8出土
呼伦贝尔民族博物院藏

39件。呈四棱状，两端略扁平，中间有一穿孔。颜色可分为蓝色和棕色两种，皆为钠钙玻璃，蓝色含铜，棕色含铁，形制和大小基本一致。

珠饰
Beadrolls

鲜卑时期
圆珠：高0.7～1、直径0.7～1.2、孔径0.2~0.5厘米
管珠：高0.8～1.3、直径0.2～1.2、孔径0.1~0.3厘米
Xianbei Period
Beads: Height 0.7–1 cm; Diameter 0.7–1.2cm; Diameter of the Hole 0.2–0.5cm
Pipes: Height 0.8–1.3cm; Diameter 0.2–1.2cm; Diameter of the Hole 0.1–0.3cm

2012年扎赉诺尔区蘑菇山墓群M8出土
呼伦贝尔民族博物院藏

28颗。按形状可分为圆珠和管珠两类：蓝色含铜的钠钙玻璃珠两颗；金色双层夹金玻璃圆珠12颗；红色玛瑙管珠四颗；棕色含铁的钠钙玻璃管珠六颗；绿松石管珠四颗。

玻璃珠饰
Glass Beadrolls

鲜卑时期
瓜棱形珠：长0.8~1.5、孔径0.1~0.3厘米
圆珠：直径0.6~0.8、孔径0.1~0.3厘米
四方形珠：边长0.7~0.8、孔径0.2厘米
Xianbei Period
Melon-edged Beads: Length 0.8-1.5cm; Diameter of the Hole 0.1-0.3cm
Round Beads: Diameter 0.6-0.8cm; Diameter of the Hole 0.1-0.3cm
Cube Beads: Side Length 0.7-0.8cm; Diameter of the Hole 0.2cm

2012扎赉诺尔区蘑菇山墓群M8出土
呼伦贝尔民族博物院藏

瓜棱形珠38颗。为钠钙玻璃，呈棕色半透明状，有四道凸棱，中部圆鼓，均有一圆孔，用以穿绳，表面光滑。

圆珠九颗。为钠钙玻璃，呈棕色半透明状，器体中部均有一圆孔，用以穿绳，器体表面斑驳。

四方形珠两颗。为钠钙玻璃，呈蓝色半透明状，四角被磨平，中部穿孔，用于穿绳，器体表面斑驳。

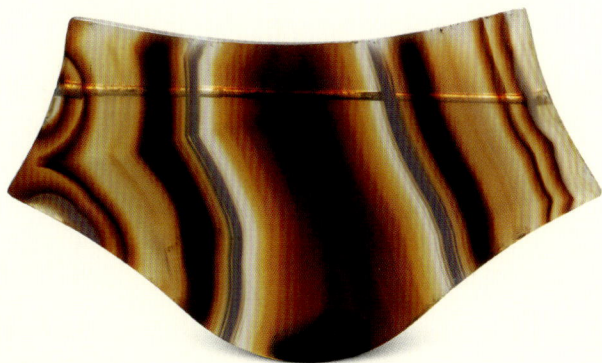

玛瑙饰件
Agate Ornament

鲜卑时期
最长6.3、最宽3.3、厚0.34厘米
Xianbei Period
Length less than 6.3cm; Width less than 3.3cm;
Thickness 0.34cm

2012年扎赉诺尔区蘑菇山墓群M8出土
呼伦贝尔民族博物院藏

形状不规则，表面白、红颜色相间，一侧横贯一穿孔，以供穿线。

玻璃器
Glassware

鲜卑时期
长4～4.3、宽2.3、厚0.9～1.2厘米
Xianbei Period
Length 4–4.3cm; Width 2.3cm; Thickness 0.9–1.2cm

2012年扎赉诺尔区蘑菇山墓群M8出土
呼伦贝尔民族博物院藏

二件。蓝色半透明，形状不规则，因风化形成白色表面层。

扎赉诺尔区蘑菇山墓群M8出土墓主人右腕部玉环及珠饰（由东北往西南）
Jade Loop and Bead Ornaments Around the Occupant's Right Wrist in Tomb M8
in Mogushan Tombs in Jalainur District (From Northeast to Southwest)

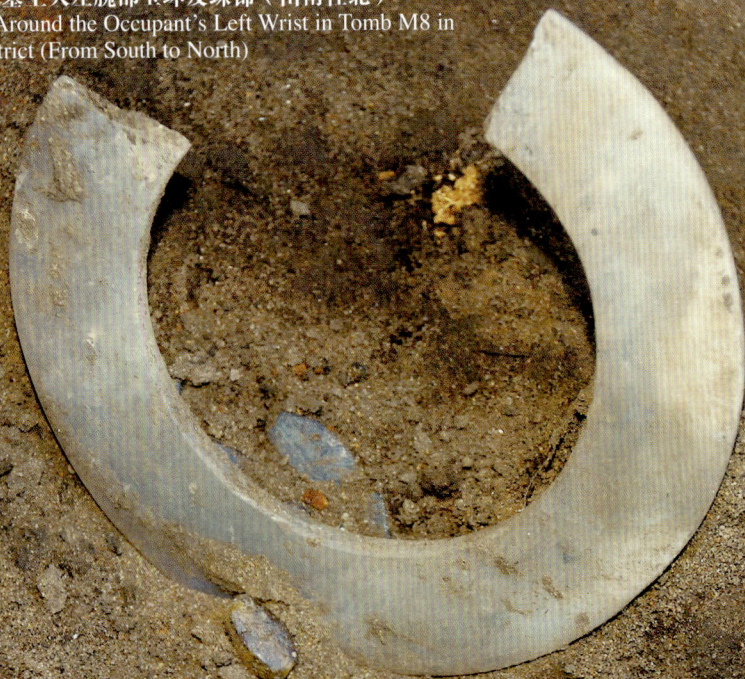

扎赉诺尔区蘑菇山墓群M8出土墓主人左腕部玉环及珠饰（由南往北）
Jade Loop and Bead Ornaments Around the Occupant's Left Wrist in Tomb M8 in
Mogushan Tombs in Jalainur District (From South to North)

玉环
Jade Loop

鲜卑时期
直径6.5、厚0.5厘米
Xianbei Period
Diameter 6.5cm; Thickness 0.5cm

2012年扎赉诺尔区蘑菇山墓群M8出土
呼伦贝尔民族博物院藏

　　二件。通体磨光，已残，呈
乳白色，素面无纹。

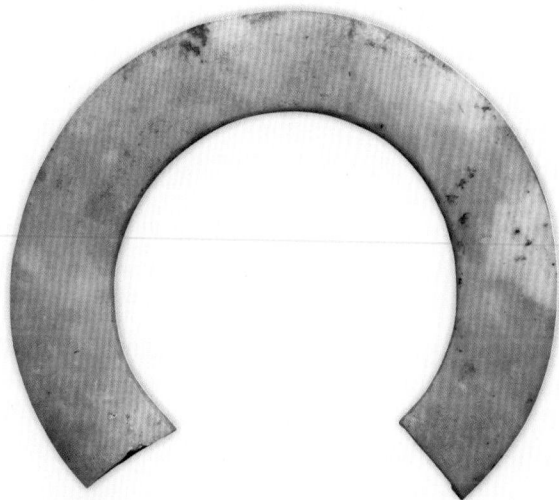

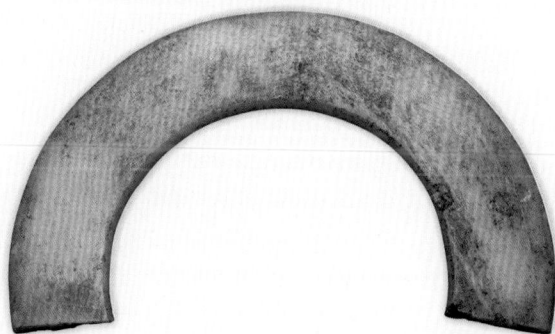

漆器
Lacquer Ware

鲜卑时期
直径12.3厘米
Xianbei Period
Diameter 12.3cm

2012扎赉诺尔区蘑菇山墓群M9出土
呼伦贝尔民族博物院藏

　　器体呈不规则扁圆形，残损严重。表面已腐蚀不清，残存部分丝织品，较薄。器物边缘可见腐朽的木屑及红色漆层。

陶罐
Pottery Jar

鲜卑时期
高10.3、口径11.2、底径6.9厘米
Xianbei Period
Height 10.3cm; Mouth Diameter 11.2cm;
Bottom Diameter 6.9cm

2012年扎赉诺尔区蘑菇山墓群M9出土
呼伦贝尔民族博物院藏

　　手制。泥质灰陶，胎质较厚。侈口，圆唇，直腹，平底，底部略外斜。素面。

铜耳饰
Bronze Eardrop

鲜卑时期
圆环外径1.8、内径0.7厘米
Xianbei Period
Loop: Exterior Diameter 1.8cm; Interior Diameter 0.7cm

2012年扎赉诺尔区蘑菇山墓群M9出土
呼伦贝尔民族博物院藏

整体呈圆形，外侧装饰对称分布的四个半圆
形。圆形器体被分割成八格，中间有一白色圆形
饰。背面有一弧形环。

玻璃珠饰
Glass Beadrolls

鲜卑时期
高0.5~0.8、直径0.6~1.2 、孔径 0.3~0.5厘米
Xianbei Period
Height 0.5–0.8cm; Diameter 0.6–1.2 cm; Diameter
of the Hole 0.3–0.5cm

2012年扎赉诺尔区蘑菇山墓群M9出土
呼伦贝尔民族博物院藏

三件。金色，为双层夹金玻璃珠，呈圆柱
状，有一孔。

玻璃珠饰
Glass Beadrolls

鲜卑时期
高0.8、直径0.5~1、孔径0.2~ 0.3厘米
Xianbei Period
Height 0.8cm; Diameter 0.5–1cm; Diameter of the Hole 0.2– 0.3cm

2012年扎赉诺尔区蘑菇山墓群M9出土
呼伦贝尔民族博物院藏

五件。蓝色，为钠钙玻璃，呈圆柱状，有孔。有一颗因
风化形成白色表面层。

玻璃珠饰
Glass Beadrolls

鲜卑时期
长1~1.2、宽0.5~0.6厘米
Xianbei Period
Length 1–1.2cm; Width 0.5–0.6cm

2012年扎赉诺尔区蘑菇山墓群M9出土
呼伦贝尔民族博物院藏

　　五件。钠钙玻璃，棕色，半透明，圆筒状，有一对钻的孔。在制作的过程中加入含有铁离子的物质，是其显棕色的主要原因。

陶罐
Pottery Jar

鲜卑时期
高15.9、口径13.6、腹径13.7、底径8.9厘米
Xianbei Period
Height 15.9cm; Mouth Diameter 13.6cm; Belly
Diameter 13.7cm; Bottom Diameter 8.9cm

2012年扎赉诺尔区蘑菇山墓群M10出土
呼伦贝尔民族博物院藏

　　手制。泥质灰陶，器物歪斜不平。侈口，方唇，束颈，腹微外鼓向下斜收，平底。制作较粗糙，表面略有不平。

铁带饰
Iron Belt Ornaments

鲜卑时期
残长7.7～13.7、宽4.6～6.8厘米
Xianbei Period
Length of the Remains 7.7–13.7cm; Width 4.6–6.8cm

2012年扎赉诺尔区蘑菇山墓群M10出土
呼伦贝尔民族博物院藏

　　残存两段，锈蚀极其严重，仅能辨认出带
孔为长方形，外面可能包裹一层桦树皮，已与
铁器粘连为一体。

铜环
Bronze Loop

鲜卑时期
直径5.6厘米
Xianbei Period
Diameter 5.6cm

2012扎赉诺尔区蘑菇山墓群M10出土
呼伦贝尔民族博物院藏

　　青铜铸制。铜环保存较
好。环外上覆盖纺织品，已
朽，纺织品上另有残存较薄的
木制品，腐朽严重，另一面有
炭化的黑色痕迹。

铜环
Bronze Loop

鲜卑时期
直径3.6、厚0.3厘米
Xianbei Period
Diameter 3.6cm; Thickness 0.3cm

2012年扎赉诺尔区蘑菇山墓群M10出土
呼伦贝尔民族博物院藏

青铜，已残，外有包裹织品的痕迹。

铜扣
Bronze Buckle

鲜卑时期
直径1.8、厚0.2厘米
Xianbei Period
Diameter 1.8cm; Thickness 0.2cm

2012年扎赉诺尔区蘑菇山墓群M10出土
呼伦贝尔民族博物院藏

器体呈圆形，平面微向外鼓，略有残缺。表面布满铜锈，且覆盖麻质衣服残片。背面内凹，有一凹槽，上留有拱形纽以方便固定。

铜扣
Bronze Buckle

鲜卑时期
直径2厘米
Xianbei Period
Diameter 2cm

2012年扎赉诺尔区蘑菇山墓群M10出土
呼伦贝尔民族博物院藏

青铜制，器体扁薄，外凸，有一长条孔。外壁呈深绿色，覆盖有纺织品，已经腐朽，呈深褐色，质地脆软。背面呈青绿色，中部有一纽。

铜扣
Bronze Buckle

鲜卑时期
直径1.9、厚0.3厘米
Xianbei Period
Diameter 1.9cm; Thickness 0.3cm

2012扎赉诺尔区蘑菇山墓群M10出土
呼伦贝尔民族博物院藏

　　器体呈圆形，平面微向外鼓，略有残缺，表面有铜锈，存有部分麻质品，已与器物无法分离。背面向内凹，有一凹痕，凹痕上残存环形纽痕迹。

石镞
Stone Arrowheads

鲜卑时期
上：残长7.9、宽1.7、厚0.4厘米
下：长6.3、宽1.3、厚0.6厘米
Xianbei Period
Upper: Length of the Remains 7.9cm; Width 1.7cm; Thickness 0.4cm
Lower: Length 6.3cm; Width 1.3cm; Thickness 0.6cm

2012扎赉诺尔区蘑菇山墓群M10出土
呼伦贝尔民族博物院藏

　　呈柳叶形，压剥制成。中间较厚，纵向凸起棱脊向两侧渐薄，两面磨制成曲齿刃状。器体向尾部两侧渐收，斜直，尾部较平。上件石镞尾端接木质箭杆，箭杆仅残存与石镞捆绑部分，可见铁圈捆绑箭杆，腐蚀较严重。

石镞
Stone Arrowhead

鲜卑时期
残长7.4、最宽1、最厚0.6厘米
Xianbei Period
Length of the Remains 7.4cm; Width less than 1cm;
Thickness less than 0.6cm

2012年扎赉诺尔区蘑菇山墓群M10出土
呼伦贝尔民族博物院藏

　　燧石压剥而成，外形呈柳叶状，器体扁薄，中脊突出，侧翼呈锯齿状，刃锋利。底部可见木质箭杆残痕，箭杆与石镞之间通过细绳固定。

石镞
Stone Arrowhead

鲜卑时期
长6.7、最宽1.2、最厚0.6厘米
Xianbei Period
Length 6.7cm; Width less than 1.2cm;
Thickness less than 0.6cm

2012年扎赉诺尔区蘑菇山墓群M10出土
呼伦贝尔民族博物院藏

　　燧石压剥而成，外形呈柳叶状，器体扁薄，中脊突出，侧翼呈锯齿状，刃锋利。

石镞
Stone Arrowhead

鲜卑时期
长6.6、最宽1.3、最厚0.7厘米
Xianbei Period
Length 6.6cm; Width less than 1.3cm; Thickness
less than 0.7cm

2012年扎赉诺尔区蘑菇山墓群M10出土
呼伦贝尔民族博物院藏

　　燧石压剥而成，外形呈柳叶状，器体扁
薄，中脊突出，侧翼呈锯齿状，刃锋利。

石镞
Stone Arrowhead

鲜卑时期
长6、最宽1.3、最厚0.5厘米
Xianbei Period
Length 6cm; Width less than 1.3cm; Thickness
less than 0.5cm

2012年扎赉诺尔区蘑菇山墓群M10出土
呼伦贝尔民族博物院藏

　　燧石压剥而成，外形呈柳叶状，器体扁
薄，中脊突出，侧翼呈锯齿状，刃锋利。

铜镞
Bronze Arrowhead

鲜卑时期
长3.2、最宽0.9、最厚0.7厘米
Xianbei Period
Length 3.2cm; Width less than 0.9cm;
Thickness less than 0.7cm

2012年扎赉诺尔区蘑菇山墓群M10出土
呼伦贝尔民族博物院藏

　　青铜铸造而成，外形似矛，中
脊突出，中脊与两翼之间有血槽，
翼尾部突出，形成倒刺。有銎，以
装箭杆。

铁镞
Iron Arrowhead

鲜卑时期
镞身：长6、宽4.3厘米
镞铤：长4.9厘米
Xianbei Period
Arrowhead Body: Length 6cm; Width 4.3cm
Ding(the part plugging the arrowhead): Length 4.9cm

2012年扎赉诺尔区蘑菇山墓群M10出土
呼伦贝尔民族博物院藏

　　器体分为镞身、镞铤两部分，镞身铁制，锈蚀严重。镞锋已残，由锋部起棱，共三棱，棱与棱之间下陷成三个凹面，一凹面已因锈蚀几近填平。镞身下部铸有铁箍，便于插入镞铤，镞铤为木制。

铁镞
Iron Arrowhead

鲜卑时期
镞身：长3.8、宽2.8厘米
镞铤：长3.4厘米
Xianbei Period
Length of Arrowhead Body: Length 3.8cm; Width 2.8cm
Ding(the part plugging the arrowhead into the arrow-body): Length 3.4cm

2012年扎赉诺尔区蘑菇山墓群M10出土
呼伦贝尔民族博物院藏

　　器体分为镞身、镞铤两部分，镞身铁制，锈蚀严重。镞锋圆钝，由锋部起棱，共三棱，棱与棱之间下陷成三个凹面，后锋向外延伸。镞铤外部有木质包裹物残留。

玻璃珠饰
Glass Beadrolls

鲜卑时期
高0.4、直径0.4~0.5厘米
Xianbei Period
Height 0.4cm; Diameter 0.4–0.5cm

2012年扎赉诺尔区蘑菇山墓群M10出土
呼伦贝尔民族博物院藏

　　四颗。表面磨光，均为钠钙玻璃，其中三颗为蓝色扁形珠，表面较平，两端磨制较规整。一颗为绿色圆珠，两端不平整。

玉石
Jade

鲜卑时期
长1.7、宽1.2、厚0.2厘米
Xianbei Period
Length 1.7cm; Width 1.2cm; Thickness 0.2cm

2012年扎赉诺尔区蘑菇山墓群M10出土
呼伦贝尔民族博物院藏

　　器体扁薄，呈青色，上下边缘平直，左右两侧内凹。正面有压剥痕迹，背面为平面，中间厚，向边缘渐薄。

陶罐
Pottery Jar

鲜卑时期
高15.7、口径11.5、腹径10.5、底径7厘米
Xianbei Period
Height 15.7cm; Mouth Diameter 11.5cm; Belly
Diameter 10.5cm; Bottom Diameter 7cm

2012年扎赉诺尔区蘑菇山墓群M11出土
呼伦贝尔民族博物院藏

　　手制。夹砂，整体呈灰褐色，胎体厚
重。侈口，圆唇，束颈，长腹略鼓，平底。
素面，内、外壁均可见烟炱痕迹。

铁圈
Iron Loop

鲜卑时期
直径16.5厘米
Xianbei Period
Diameter 16.5cm

2012年扎赉诺尔区蘑菇山墓群M11出土
呼伦贝尔民族博物院藏

　　深褐色，呈环形外凸状，整个
器体锈蚀严重，多处破损，外壁凸
棱明显，内壁有木屑的痕迹。

铁圈
Iron Loop

鲜卑时期
高2.9、残长13.6厘米
Xianbei Period
Height 2.9cm; Length of the Remains 13.6cm

2012扎赉诺尔区蘑菇山墓群M11出土
呼伦贝尔民族博物院藏

　　原为环状，仅剩部分呈弧形，内部中空外凸，残有木屑痕迹。两侧均有断裂痕迹，锈蚀严重。

铁圈
Iron Loop

鲜卑时期
残长11.2厘米
Xianbei Period
Length of the Remains 11.2cm

2012年扎赉诺尔区蘑菇山墓群M11出土
呼伦贝尔民族博物院藏

　　深褐色，原呈环状，残，内部中空外凸，锈蚀严重，部分破损，外壁凸棱明显，内壁有木屑的痕迹。

铁马具残件
Remains of Iron Horse Gears

鲜卑时期
马衔：长21.7厘米
带扣：长2~9.1、宽2.4~5厘米
环形铁器：长4.5~11、宽4~5.2厘米
Xianbei Period
Stiff-bit: Length 21.7cm
Buckle: Length 2-9.1cm; Width 2.4-5cm
Iron Loop: Length 4.5- 11cm; Width 4-5.2cm

2012年扎赉诺尔区蘑菇山墓群M11出土
呼伦贝尔民族博物院藏

13件。均为铁制，表面锈蚀，分四类。

马衔一件，由两根尾部带环的长形铁块连接而成，环外系镳，环内贯镳。马镳呈长条铲形，此件锈蚀严重，各连接处已不能活动。

带扣及残段，共七件，形状不一，可分为五型：

第一型一件，窄长，有舌形带头，扣部小而圆，其上可见布纹；第二型一件，体量较大，有带头，具体形状已不清，扣部宽于带头，锈蚀严重；第三型一件，不见带头，有扣舌，呈梯形；第四型一件，梯形，无扣舌；第五型一件，宽而扁，呈一端平直一端弧曲的"D"形；另有两件带扣残段。

环状铁器五件，可分三型：

第一型一件，圆环状；第二型一件，双环相连而成，其上可见布纹；第三型三件，呈片状，弧方形，中部有方孔，其上可见布纹。

骨器
Bone Artifact

鲜卑时期
残长10.5、残径1.8、孔径0.7厘米
Xianbei Period
Length of the Remains 10.5cm; Diameter of the
Remains1.8cm；Diameter of the Hole 0.7cm

2012年扎赉诺尔区蘑菇山墓群M11出土
呼伦贝尔民族博物院藏

　　骨器残段，磨制，管状，表面刮削呈
竹节状，前端钻有一孔。

金耳环
Gold Earring

鲜卑时期
长3厘米
Xianbei Period
Length 3cm

2012年扎赉诺尔区蘑菇山墓群M11出土
呼伦贝尔民族博物院藏

　　一条金丝弯折而成，两端呈不
规则环形，较大一环作穿耳用，较
小一环为坠饰。

玻璃珠
Glass Bead

鲜卑时期
高0.5、直径0.6厘米
Xianbei Period
Height 0.5cm; Diameter 0.6cm

2012年扎赉诺尔区蘑菇山墓群M11出土
呼伦贝尔民族博物院藏

　　圆柱状，蓝色，钠钙玻璃，磨
制而成，中部有一穿孔。

绿松石饰件
Turquoise Ornament

鲜卑时期
高1.5、最宽1、最厚0.6厘米
Xianbei Period
Height 1.5cm; Width less than 1cm; Thickness
less than 0.6cm

2012年扎赉诺尔区蘑菇山墓群M11出土
呼伦贝尔民族博物院藏

　　通体绿色，磨制而成，表面光滑，
素面无纹。上部有一细孔，下部横贯一
穿孔。

琥珀珠
Amber Bead

鲜卑时期
高1、长0.8、孔径0.1厘米
Xianbei Period
Height 1cm; Length 0.8cm; Diameter of
the Hole 0.1cm

2012年扎赉诺尔区蘑菇山墓群M12出土
呼伦贝尔民族博物院藏

红褐色，三棱形，中间有一圆孔。

陶罐
Pottery Jar

鲜卑时期
高6.4、口径8.2、底径4.5厘米
Xianbei Period
Height 6.4cm; Mouth Diameter 8.2cm;
Bottom Diameter 4.5cm

2012年扎赉诺尔区蘑菇山墓群M12出土
呼伦贝尔民族博物院藏

轮制。泥质黑陶，胎质较厚。侈
口，圆唇，直腹，平底。素面。

铜菩萨像
Copper Bodhisattva

北魏
高15厘米
Nothern Wei Dynasty
Height 15cm

扎赉诺尔博物馆征集
扎赉诺尔博物馆藏

铜菩萨像通体鎏金，制作
粗略，底部为两级基座，四足，
平面呈长方形。整体是五尊佛
像，背部有舟形背光，装饰卷云
纹或卷草纹边饰。最外侧的两尊
佛像站立在台基上，身着通肩式
袈裟，施无畏印，头部附火焰形
头光，肉髻高耸。内侧两尊佛像
站立，身着通肩式袈裟，双手合
十，附火焰形头光，肉髻高耸。
中间的佛像较身旁四尊高大，站
立在莲花座上，身着袈裟，施
无畏印，头戴冠，附莲花形头
光。背部刻有铭文，仅能识别出
"明"字，其余漫漶不清。

辽金时期
Liao and Jin Period

公元10世纪~13世纪
A.D.10C-13C

　　辽金时期在呼伦贝尔地区形成系统完整的军事管辖，开凿了边壕，同时修筑了众多城堡与之呼应。这是辽朝为加强对北部边疆地区诸部族的辖控而建立的。

In Liao and Jin period, systematic military regimentation was founded in Hulunbuir. Castles and moats were simultaneously built to strengthen the control over all tribes in northern frontier region.

扎赉诺尔区巨姆古城遗址（由西南往东北）
Jumu Ancient City Ruins in Jalainur District (From Southwest to Northeast)

1960年夏，内蒙古自治区文物考古研究所所属内蒙古文物工作队于扎赉诺尔墓群南约0.5公里处发现了辽代边防城。其西墙已被达兰鄂罗木河冲毁，南、北和东三面城墙高约1米余，东墙长249、南墙残长124、北墙残长195米，东墙中部有突出的四方平台，高约1.5米。城内遗迹和遗物很少，所见多为轮制篦纹陶，火候较高。

灰坑

排水沟

195米

排水沟

民宅

灰坑

排水沟

25米

249米

排水沟

灰坑

灰坑

地沟 水槽

124米

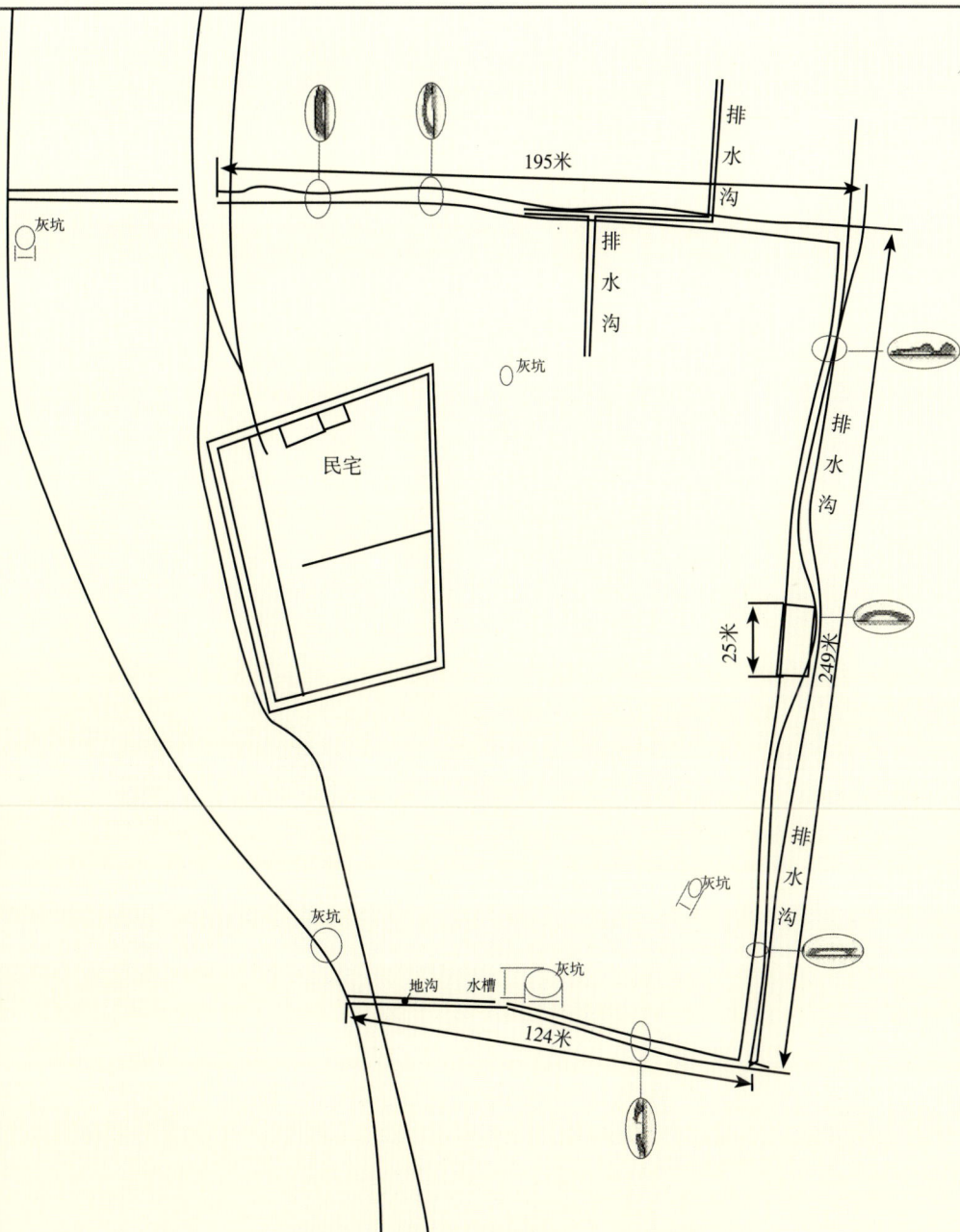

扎赉诺尔区巨姆古城平面图
Plane Chart of Jumu City Ruins in Jalainur District

扎赉诺尔区巨姆古城遗址（由西北往东南）
Jumu Ancient City Ruins in Jalainur District (From Northwest to Southeast)

扎赉诺尔区巨姆古城模型
Model of Jumu City in Jalainur District

陶片
Pottery Fragments

辽代
长1.8~3.1厘米
Liao Dynasty
Length 1.8–3.1cm

2010年扎赉诺尔区巨姆古城采集
扎赉诺尔博物馆藏

17块。浅灰色，主要为器体口沿、腹部、底部，泥质较多，质地坚硬，器体纹饰以戳点纹居多，素面较少。

铁镞
Iron Arrowheads

辽金
通长4.7~10.5、镞身长 2.2~8.5、镞身宽0.5~3 、铤长1.2 ~5.5厘米
Liao and Jin Period
Full Length 4.7–10.5cm; Length of the Arrowhead body 2.2–
8.5cm; Width of the Arrowhead body 0.5–3 cm; the Length of
Ding(the part plugging the arrowhead into the arrow body) 1.2
–5.5cm

扎赉诺尔博物馆征集
扎赉诺尔博物馆藏

13件。可分为三类。一类镞身略呈三
角形，窄瘦，高脊隆起，断面略呈圆形，
脊末端接圆柱形铤。一类镞身略呈梯形扁
铲状，断面略呈圆形或长方形，圆锥形
铤。另一类镞身残缺较甚，形状不明，镞
身扁薄，直接与圆柱形铤相连。

铁蒺藜
Iron Caltrop

辽金
长5.6、宽2.9厘米
Liao and Jin Period
Length 5.6cm; Width 2.9cm

扎赉诺尔博物馆征集
扎赉诺尔博物馆藏

  又称"渠答"。器身为柱体，上下两端呈尖状。器身中部各面向外有四根弯角尖刺，其中两角已残。在战争中，将铁蒺藜撒布在地面，用以迟滞敌军行动。

铜矛
Bronze Spear

辽金
长7、矛叶宽1.8、骹径1厘米
Liao and Jin Period
Length 7cm; Width of the Blade1.8cm; Diameter of the Pipe1cm

扎赉诺尔博物馆征集
扎赉诺尔博物馆藏

  矛身呈柳叶形，窄瘦三角形叶身，两叶尾部斜折，中线起脊，脊与骹相连。短骹，骹中部一侧有倒钩。

近现代

Modern Times

公元19世纪至今
A.D.19C-Now

尽管经历了巨大的历史变化，但传统文化在该地区仍传承有序，呼伦湖打渔便是其中一项重要的文化遗产，从中可以强烈地感受到斯土斯民的生活方式和智慧。

Although great changes have taken place, tradition culture has been still inherited. Fishing in the Hulun Lake is an important part of the heritage, from which we can learn the lifestyle and wisdom of the local people.

呼伦湖渔事
DAILY NECESSITIES

呼伦湖是中国第五大内湖，也是中国北方第一大湖。在维持生物多样性和丰富的生物资源方面，呼伦湖发挥着巨大作用，在区域环境保护中也具有特殊的地位。呼伦湖是呼伦贝尔草原的母亲湖，以它为中心的呼伦贝尔草原成为中国北方草原民族的摇篮。

Hulun Lake is the fifth greatest inland lake of China and the greatest lake in North China. It plays a leading role in maintaining the biodiversity and rich biological resources, and also takes a special position in the regional environmental protection. It is the mother lake and center of the Hulunbuir grassland, and becomes the cradle of grassland ethnic groups of North China.

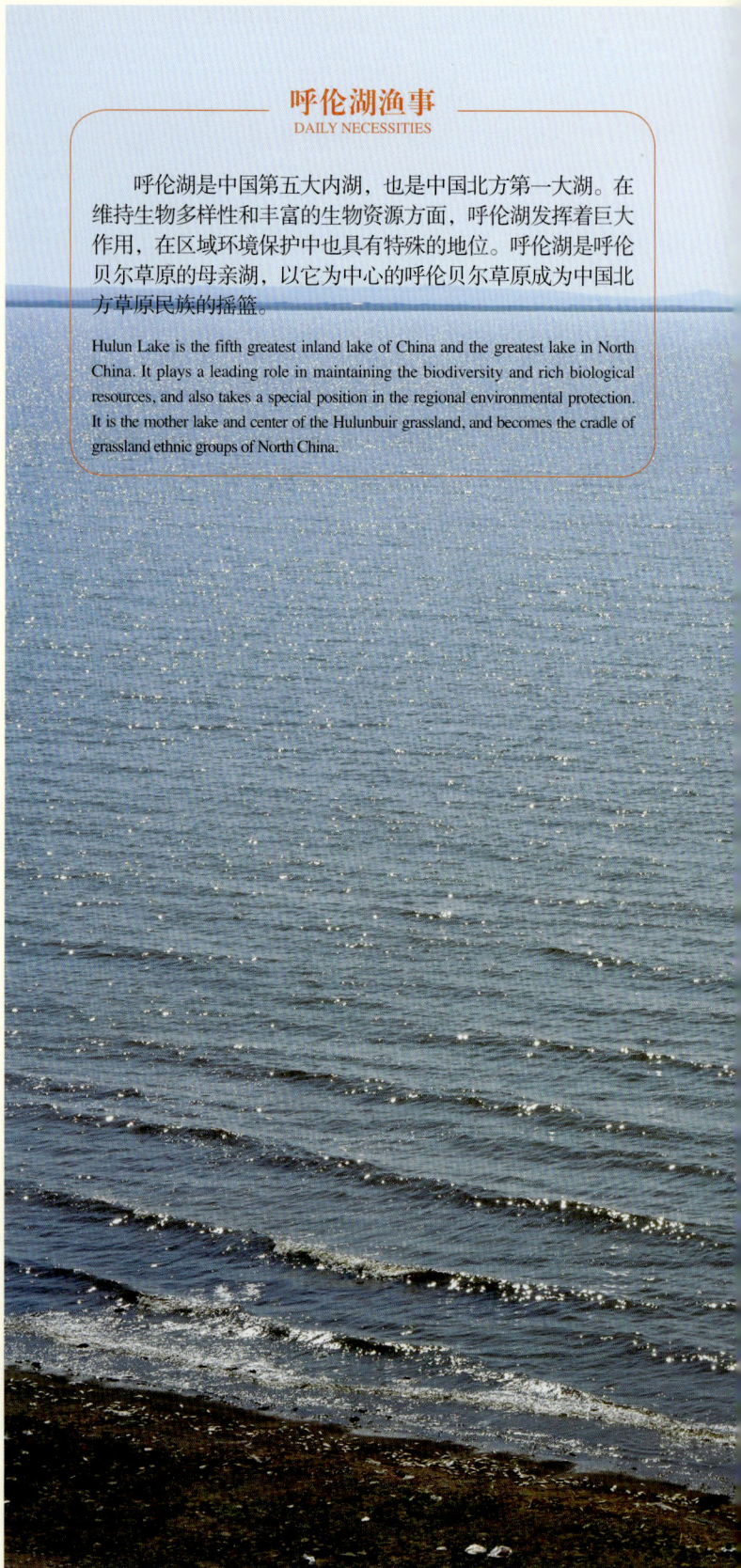

呼伦湖（由东往西）
Hulun Lake (From East to West)

"呼伦湖"是近代才有的名称，缘于古代这个湖盛产水獭。"呼伦"是由蒙古语"哈溜"音转而来，意为"水獭"。呼伦湖区在史前便有人类居住，历史上数易其名：《山海经》称"大泽"，唐朝时称"俱伦泊"，辽、金时称"栲栳泺"，元朝时称"阔连海子"，明朝时称"阔滦海子"，清朝时称"库楞湖"，游牧在湖边的蒙古人开始称呼伦湖为"达赉诺尔"。在蒙语中，"达赉"意为"海"，"诺尔"意为"湖"，"达赉诺尔"意为"海一样的湖"。呼伦湖湖面海拔539米，面积2315平方公里，最大水深8米，平均水深为5.7米，蓄水量为138.5亿立方米。

呼伦湖是鱼类和鸟类的天堂。湖中共有鱼类30多种，主要有鲤鱼、鲫鱼、鲇鱼等经济鱼类。据初步统计，呼伦湖地区共有鸟类17目41科241种，占中国鸟类总数的1/5，主要有天鹅、雁、鸭、鹭等。呼伦湖也是中国北方地区重要的鸟类栖息地和东部内陆鸟类迁徙的重要通道。春秋两季，南来北往的候鸟种类繁多。

1992年10月，在呼伦湖成立国家级自然保护区，与蒙古国达吾尔自然保护区、俄罗斯达吾尔斯克自然保护区共同组成达吾尔国际自然保护区。

以呼伦湖为主体的三湖（呼伦湖、贝尔湖、乌兰诺尔湖）和三河（克鲁伦河、乌尔逊河、达兰鄂罗木河）成为供鱼类栖息、繁衍的天然有机水系，形成一个渔业生产的整体。

呼伦湖规模化捕鱼已有一百多年的历史。渔业生产主要在冬、夏两季进行。捕捞生产方式分为明水期捕鱼和冰下捕鱼两种形式，其中冰下捕鱼是呼伦湖最具特色的捕捞方式。

在20世纪50~60年代，每年5~6月份和8~9月份，为明水捕鱼主要生产季节，渔民们按照水域环境选择各类渔具进行生产。捕捞渔具主要有大拉网、小拉网、兜网、小目白渔网、机船拖网和挂网等。目前，为保护资源，呼伦湖只在每年8~9月份安排明水期生产。

呼伦湖位于东经117° 00'10"~117° 41'40"，北纬48° 30'40"~49° 20'40"，呈不规则斜长方形，长轴为西南至东北方向。其西岸为山峦和悬崖陡壁，东岸和南岸地势平坦开阔。湖底为泥底，比较平坦。主要有克鲁伦河、达兰鄂罗木河以及连接贝尔湖和呼伦湖的乌尔逊河三条河流注入，其中最为重要的克鲁伦河发源于肯特山山脉东麓。呼伦湖原与海拉尔河相通，湖水外溢入黑龙江。呼伦湖形成于一亿年前，随着构造运动和气候的变迁，其范围曾不止一次的扩大与缩小，现已断流成为内陆湖。

竹木织网工具
Bamboo and Wooden Net-woven Tools

近现代
线桄子：通高72.8、底座高43.7厘米
梭子：长14.9~19.7、宽0.5~1.7厘米
Modern Times
String Rell: Full Height 72.8cm; Height of the Base 43.7cm
Shuttles: Length 14.9–19.7cm; Width 0.5–1.7cm

呼伦湖渔业公司捐赠
扎赉诺尔博物馆藏

一套包括线桄子和梭子。

线桄子一件，木制，榫卯套接而成。分为底座和转盘两部分，通过一根木轴连接。织网时通过转动线桄子为梭子供线。

梭子共五件，大小不一。竹制，做工考究，表面光滑，纹理清楚。一头为三角形箭头，另一头为"U"形凹槽。梭子上部有方形孔，其中竖一细杆用于缠线，中部刻所有者名字。

木船橹、木船桨
Wooden Scull and Oar

近现代
船橹：通长442、最宽14厘米
船桨：通长266.5、最宽13厘米
Modern Times
Scull: Full Length 442cm; Width less than 14cm
Oar: Full Length 266.5cm; Width less than 13cm

扎赉诺尔博物馆征集
扎赉诺尔博物馆藏

　　船橹，木质，由两根木头制成，中间系绳。一侧为尖圆状，整体由铁钉固定。船桨由木板和木棍两部分组成，也是由铁钉固定，桨的上部固定有一铁制的把手。此为明水捕捞工具。

推虾网
Shrimp Net

近现代
通长320.5、317厘米
Modern Times
Full Length 320.5cm; 317cm

扎赉诺尔博物馆征集
扎赉诺尔博物馆藏

　　由两根木棍和一张网捆绑而成，为明水捕捞工具。

拉虾木箱
Wooden Shrimps-carried Box

近现代
长102.2、宽61.3、深50.8厘米
Modern Times
Length 102.2cm; Width 61.3cm; 深50.8cm

呼伦湖渔业公司捐赠
扎赉诺尔博物馆藏

　　箱子木质，长方体，由铁钉和铁丝捆绑固定，两侧各有一拉绳，四周围绕有三层白色球形高密度板泡沫，共88个，球径均为10~11厘米，球中间有穿孔，用绳子串联而成，以辅助箱子漂浮于水面。此为明水捕捞工具。

张述志　摄

　　每年开冬网前，首先要祭湖。祭湖时，在湖边冰上宰只羊，放在供桌上，摆上酒，工人们用纸蘸上羊血点火烧着。然后由工长带领磕头、烧香，求神保佑。祭毕，携酒载网乘爬犁出发。打第一网时，在冰眼打通下网前和出网后，都要磕头、烧纸、洒酒。祭呼伦湖时，也向过去在湖中遇难的人表示祭奠，并求他们在神前多说好话，保佑大网顺利。

张述志　摄

祭湖——祭拜
Lake Sacrificing Ceremony:Sacrificing

祭湖——烧纸
Lake Sacrificing Ceremony:Burning Paper as Sacrificing Offerings

冰下捕鱼，即在冰封水域凿开冰层，利用各种渔具进行捕鱼的作业方式。呼伦湖冰期长达六个月，冰层厚可达1米以上，冬季冰下捕鱼产量占全年产量的80%以上。冰下捕鱼在每年的12月中旬开始，整个冬捕期最短历时45天左右，最长达90天左右，是呼伦湖每年最繁忙的捕捞季节，捕鱼人被誉为"中国的爱斯基摩人"。

奔向网场
Running to the Fishing Net

马拉头爬犁
Horse-drawn Sleigh

冬网生产前验冰
Checking the Ice before Fishing in Winter

打出网眼
Digging Holes for Fishing Net Coming out

入网眼凿开后，按135°角分两翼各钻10个冰眼并导入引杆，把大网拉进冰下，当大网运行到300米处后，转为并行方向向前推进，直到运行到4000米左右，再折向梯形的出网口，收网出鱼。引杆长30多米，像一根巨针在冰下沿冰眼的方向拨行，引杆后的大网由三片组成，总长度约800多米，大网形成平行扇面，缓缓推进。从布网到出网，一般要在冰下运5000米左右，至少需要5个小时。

走杆
Making the Net-leading Pole Move

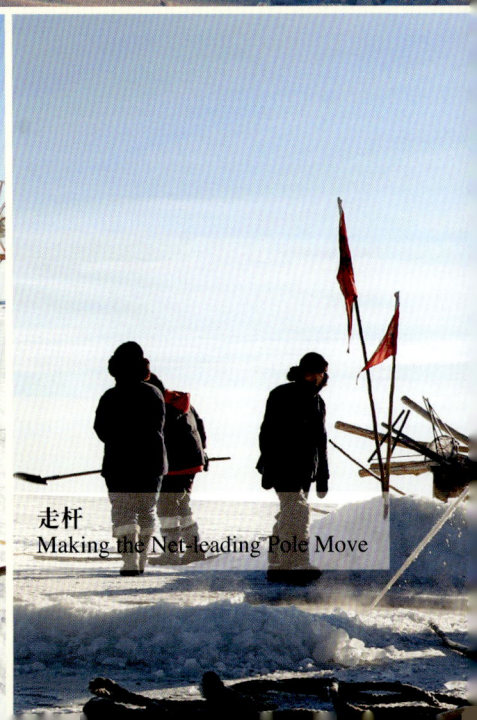

走杆
Making the Net-leading Pole Move

走杆
Making the Net-leading Pole Move

走杆
Making the Net-leading Pole Move

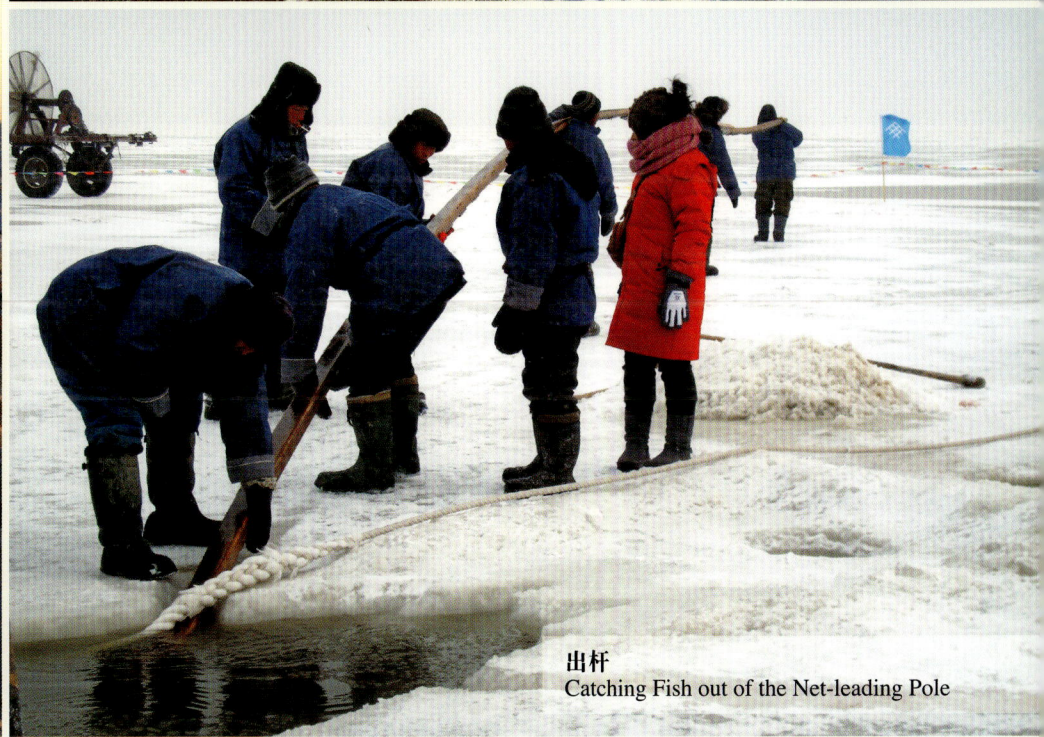

出杆
Catching Fish out of the Net-leading Pole

出网
Making Fishing Net Come out

渔获
Obtaining Fish

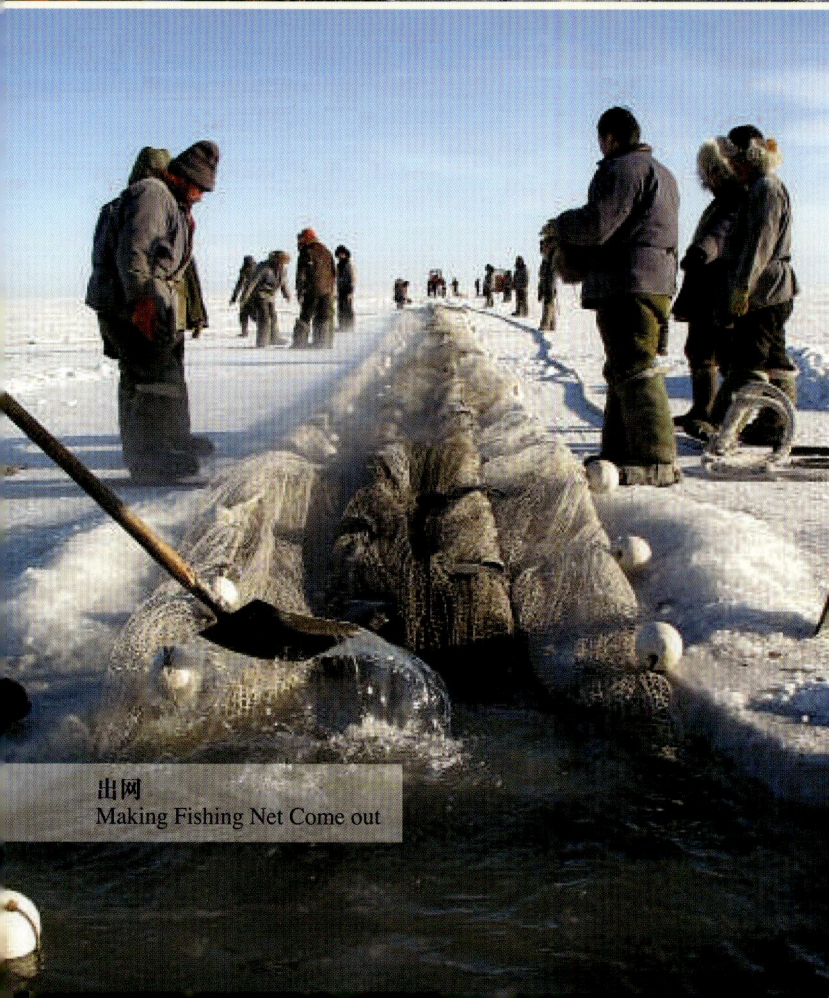

出网
Making Fishing Net Come out

渔获
Obtaining Fish

20世纪70年代，随着生产力的不断提高，高效便捷的机械作业逐渐取代了传统马拉网的生产方式，极大地减轻了渔工的劳动强度，提高了工作效率。

马拉绞盘出网眼
Making Fishing Net Come out by Horse-drawn Capstan

马拉绞盘
Horse-drawn Capstan Used for Fishing

呼伦湖冬捕——收获
Obtaining Fish in Hulun Lake in Winter

鱼一出水，就成冰棍，为了防止它们结成冰坨子，渔工们用抄捞子或铁锹，将出网的鱼兜住甩向空中，这是最经典的呼伦湖冬捕场面。

On being out of water, the fish will freeze. Landing nets and shovels are used to keep the fish from freezing through throwing them into the air. This is the best scene of winter fishing in the Hulun Lake.

呼伦湖冬捕——收获
Obtaining Fish in Hulun Lake in Winter

木绞盘
Wooden Capstan

近现代
长255.5、宽98~123.5厘米
轮：高73.5、最大径80、最小径52.8、孔径8.4厘米
座：最高50.7厘米
Modern Times
Length 255.5cm; Width 98–123.5cm
Wheel:Height 73.5cm; Major Diameter 80cm;
Minor Diameter 52.8cm
Base:Height less than 50.7cm

呼伦湖渔业公司捐赠
扎赉诺尔博物馆藏

  由马什轮子和马什座子两部分组成，整体由铁钉、榫卯固定，残缺不全。底部有一铁链子，座子和轮上有绳子捆绑痕迹。

  木制马什轮子由六根木头支撑，上下各有两个圆形平面，两个平面各有一孔。绳子缠绕轮子，一头固定在马上，一头用于捕鱼，马拉着绳子旋转，鱼随渔网逐渐从水中被捕捞起。

  木制马什座子上应有一横躺滚轮，底部有四根耙子，最外侧两根耙子侧面各有一铁环，底部各有一片铁板。绞盘是冬季捕捞工具，兼备运输工具和工作面两个功能。

乌拉头胶鞋
Urat Rubber Shoes

近现代
长34.5、宽10.4~14.5厘米
Modern Times
Length 34.5cm; Width 10.4–14.5cm

呼伦湖渔业公司捐赠
扎赉诺尔博物馆藏

　　一双。胶质，黑色，低帮
圆头，鞋帮和底部缝接而成，
鞋底为横条花纹，凹凸明显，
起到防滑的作用。

动物皮手套
Gloves Made of Animal Skin

近现代
长28.2、宽15.9厘米
Modern Times
Length 28.2cm; Width 15.9cm

呼伦湖渔业公司捐赠
扎赉诺尔博物馆藏

　　一副。翻毛皮质，浅棕
色，缝制而成，为当地居民
冬季捕捞时使用的手套。

铁马掌小刨镐
Small Iron Horseshoe-Shaped Pickaxe

20世纪50年代
高24.2、宽20.5、柄径1.1、环径1.8厘米
1950s
Height 24.2cm; Width 20.5cm;
Diameter of the Handle 1.1cm;
Diameter of the Circle 1.8cm

呼伦湖渔业公司捐赠
扎赉诺尔博物馆藏

　　铁制，整体为"T"型，焊接铸造，手柄为圆柱体，柄尾部有一圆环。镐头为四棱体，由中间向两头渐细。为冬季捕捞工具。

铁捡鱼小刨镐
Small Iron Pickaxe for Picking Fish up

近现代
高46.3、柄长48.8、柄径2.3、镐长12.8厘米
Modern Times
Height 46.3cm; Length of the Handle 48.8cm;
Diameter of the Handle 2.3cm;Length of the
Pickaxe 12.8cm

呼伦湖渔业公司捐赠
扎赉诺尔博物馆藏

　　手柄为木质，细长圆柱体，镐头为
四棱形的整块铁条，一端尖锐，弯曲成
环状，手柄插入环中，穿环衔接。为冬
季捕捞工具。

铁绞盘机刨冰镐
Irom Ice Pickaxe with Capstan

近现代
高35.1、最宽19.9、柄长37.2、镐长20.9厘米
Modern Times
Height 35.1cm; Width less than 19.9cm;
Length of the Handle 37.2cm; Length of the Pickaxe 20.9cm

呼伦湖渔业公司捐赠
扎赉诺尔博物馆藏

　　手柄为木质，柄部有一穿孔，系着麻绳。镐头为四棱形铁条，一头尖锐，一头圆钝。手柄和镐头两处穿环衔接。为冬季捕捞工具。

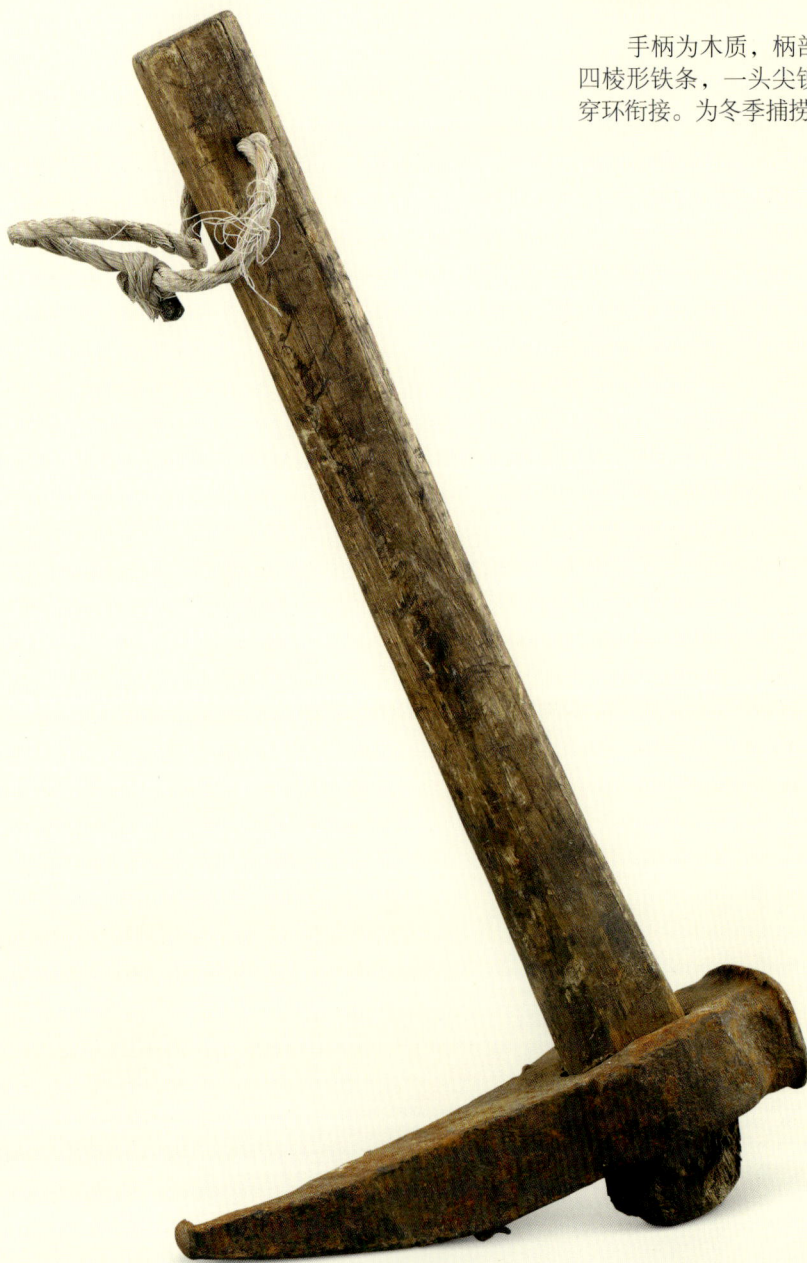

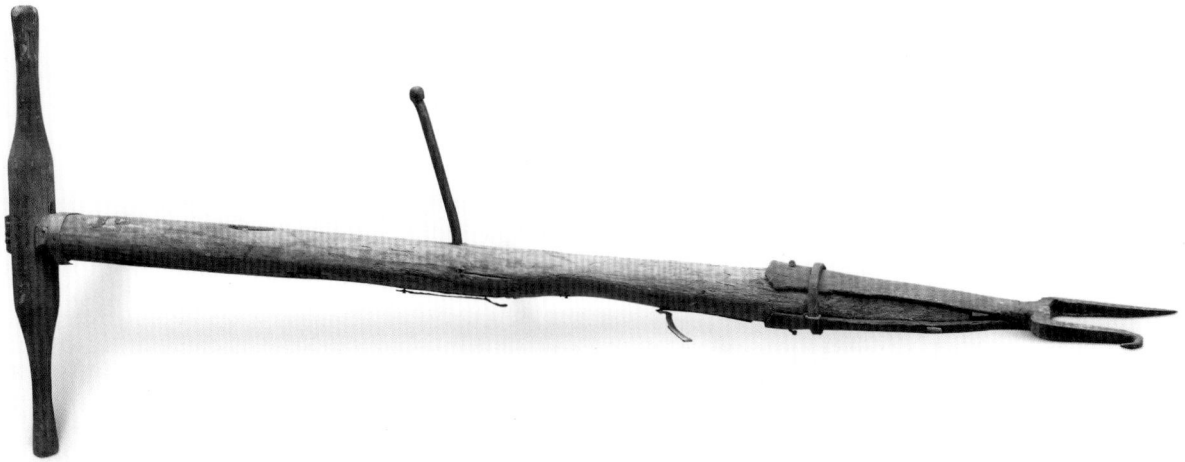

木走杆铁叉子
Wooden Spear

20世纪50年代
通长188、杆长165、叉长52.2、纺锤物
长74厘米
1950s
Full Length 188cm;
Length of the Handle 165cm;
Length of the Fork 52.2cm;
Length of the Spindle Material 74cm;

呼伦湖渔业公司捐赠
扎赉诺尔博物馆藏

　　杆子为木质，中间插有一铁
棍。一端是铁叉，铁钉固定，叉子
中有一根尖端弯曲成钩状。另一端
为木制纺锤状物，两端圆钝，榫卯
结构。为冬季捕捞工具。

木钯子
Wood Rake

近现代
通长158.5、钯长41厘米
Modern Times
Full Length 158.5cm;
Length of the Fork 41cm

呼伦湖渔业公司捐赠
扎赉诺尔博物馆藏

　　木制，杆子细长，
钯头为长方体，上面有
六个孔，残留五个齿，
榫卯结构。为冬季捕捞
工具。

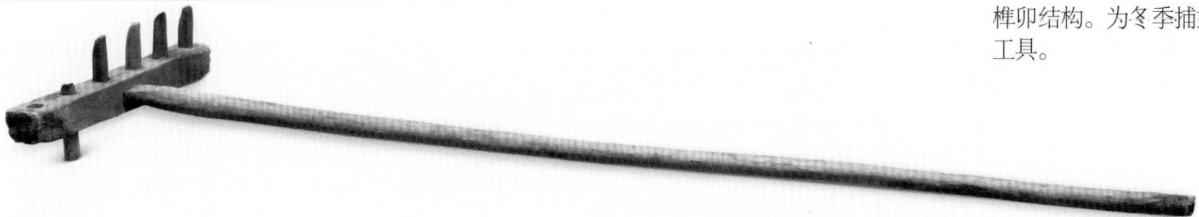

抄捞子
Landing Net

近现代
通长158.8、柄长124、铁圈长47、铁圈宽30厘米
Modern Times
Full Length 158.8cm;
Length of the Handle 124cm;
Length of the Iron Circle 47cm;
Width of the Iron Circle 30cm

呼伦湖渔业公司捐赠
扎赉诺尔博物馆藏

　　柄为木制，头为近长方形铁圈，铁圈上有孔，铁丝穿过孔，与网捆绑在一起。柄与头为捆绑固定。为冬季捕捞工具。

铁二齿子
Iron Rake with Double Teeth

近现代
通长128.5、叉长19.5厘米
Modern Times
Full Length 128.5cm;
Length of the Fork 19.5cm

呼伦湖渔业公司捐赠
扎赉诺尔博物馆藏

　　柄为木制，细长条状，头为铁制，分为两叉，衔接处用铁钉固定。为冬季捕捞工具。

铁推板
Iron Ice Pusher

近现代
通长177、木柄长166、铁头长49、铁头宽24厘米
Modern Times
Full Length 177cm;
Length of the Handle 166cm;
Length of the Iron Plate 49cm;
Width of the Iron Plate 24cm

呼伦湖渔业公司捐赠
扎赉诺尔博物馆藏

　　长柄木质，铁头，由长方形刃部上卷的
铲身装上木柄固定而成，两侧分别用铁皮、
铁钉加固。

木榔头
Wooden Hammer

近现代
通长179、榔头长21、榔头径6.5厘米
Modern Times
Full Length 179cm;
Length of the Hammer 21cm;
Diameter of the Hammer 6.5cm

呼伦湖渔业公司捐赠
扎赉诺尔博物馆藏

　　整体为木质，由榔头和木柄两
部分组成。榔头两侧为方圆形，与
木柄为榫卯连接。

打眼铁锹
Iron Drilling Shovel

近现代
通长199、柄长185、铁头长24、铁头宽
14.5厘米
Modern Times
Full Length 199cm;
Length of the Handle 185cm;
Length of the Iron Plate 24cm;
Width of the Iron Plate 14.5cm

呼伦湖渔业公司捐赠
扎赉诺尔博物馆藏

　　长柄木质，铁头，由半圆尖头中
间略凹的铲身装上木柄组成。

铁冰刨（钏）
Iron Ice-Digging Tool

近现代
通长253、柄长179、铁头长85、泡沫球径10.5厘米
Modern Times
Full Length 253cm;
Length of the Handle 179cm;
Length of the Iron Plate 85cm;
Diameter of the Foam Ball 10.5cm

呼伦湖渔业公司捐赠
扎赉诺尔博物馆藏

　　长柄木质，铁头，尖部上穿有白色泡沫球，
柄中部缠绕一圈白线。

木网漂子
Wooden Float

近现代
长18.3、宽9.4、厚5、孔径1.1厘米
Modern Times
Length 18.3cm; Width 9.4cm; Thickness
5cm; Diameter of the Hole 1.1cm

呼伦湖渔业公司捐赠
扎赉诺尔博物馆藏

　　也称"浮子"，功能相当于现
在的浮漂。此件网漂为木制，呈长
方体，其中一端削去两角，中部凿
出一孔，并留出凹槽用以穿绳。为
冬季捕捞工具。

桦皮底角
Birch Bark Net Drops

近现代
前：长21.2、宽20.8厘米
后：长21.5、宽23厘米
Modern Times
The One in the Front: Length 21.2cm; Width 20.8cm
The One in the back:Length 21.5cm; Width 23cm

呼伦湖渔业公司捐赠
扎赉诺尔博物馆藏

又名"沉子"，是捕鱼时用来加重渔网使其沉底的工具。此两件底角由桦树皮缝制，呈马蹄形，中部填石，上部穿有两孔系绳。为冬季捕捞工具。

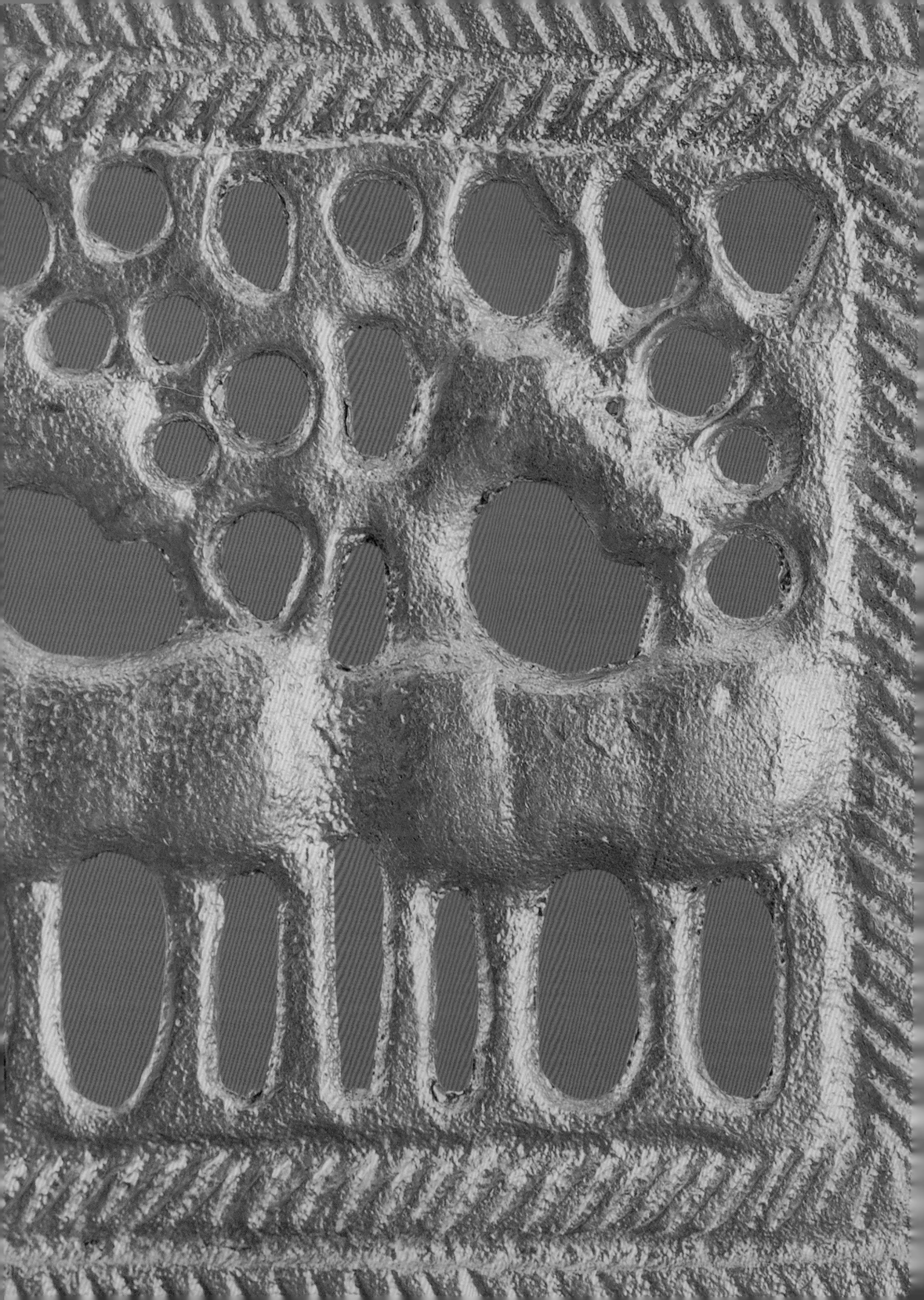

附 录
APPENDICES

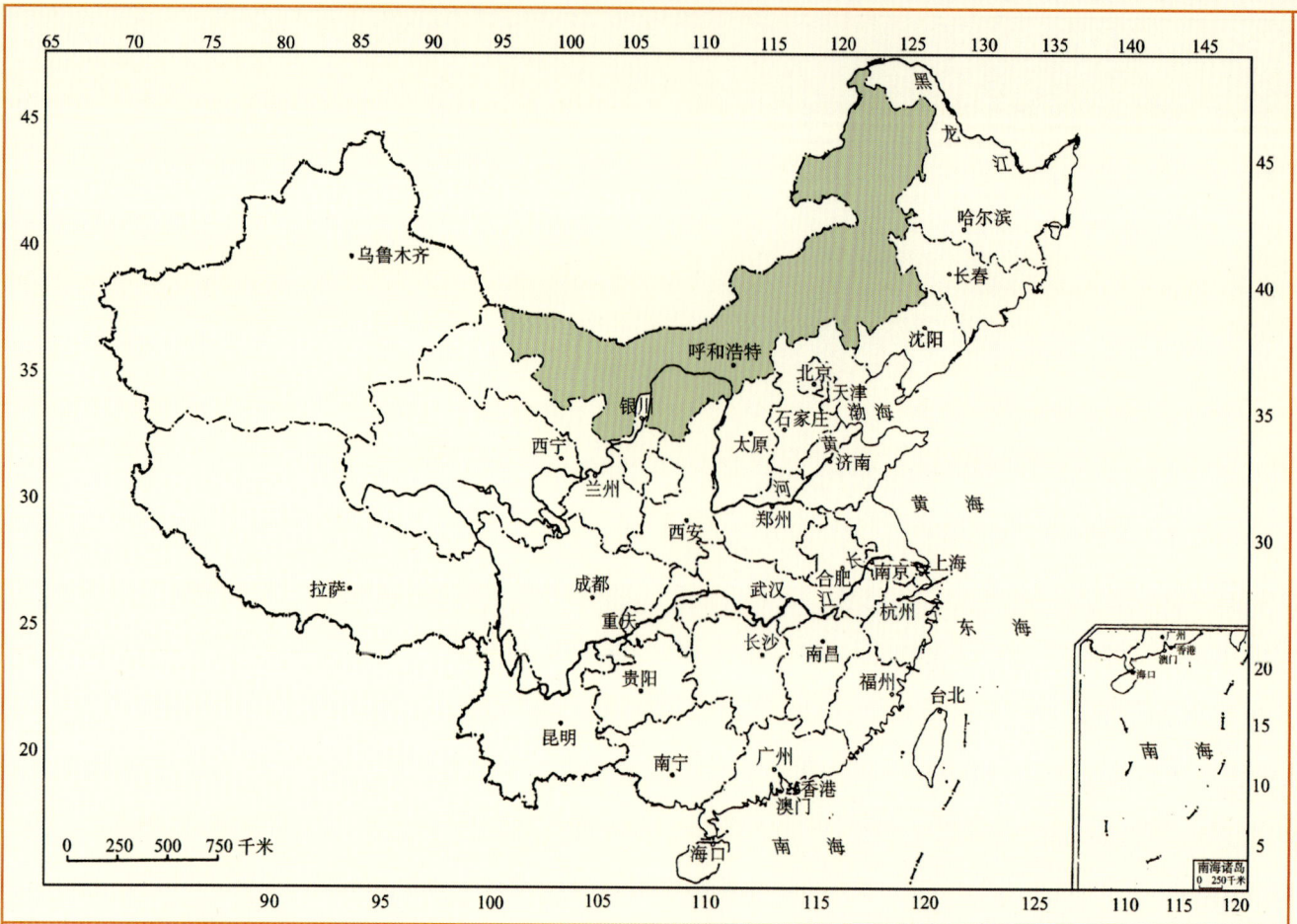

额尔古纳河

大

扎赉诺尔区

加格达奇

呼伦贝尔

海拉尔河

诺敏河

甘河

嫩江

兴

呼伦贝尔高原

呼伦湖

绰尔河

原

安

乌兰浩特

高

古

锡林浩特

岭

浑善达克沙地

通辽

乌兰察布高原

西拉木伦河

科尔沁沙地

赤峰

兰察布

内蒙古自治区扎赉诺尔区位置示意图

LOCATION OF JALAINUR DISTRICT IN INNER
MONGOLIA AUTONOMOUS REGION

中原地区 **CENTRAL PLAINS**	旧石器时代 The Paleolithic Age	新石器时代 The Neolithic Age	夏 Xia	商 Shang	西周 Western Zhou	春秋 Spring and Autumn Period
	-30000~-20000	-5000	-2070	-1600	-1046	-770 -476

呼伦贝尔地区
HULUNBUIR

东胡
Donghu

匈奴
Xiongnu

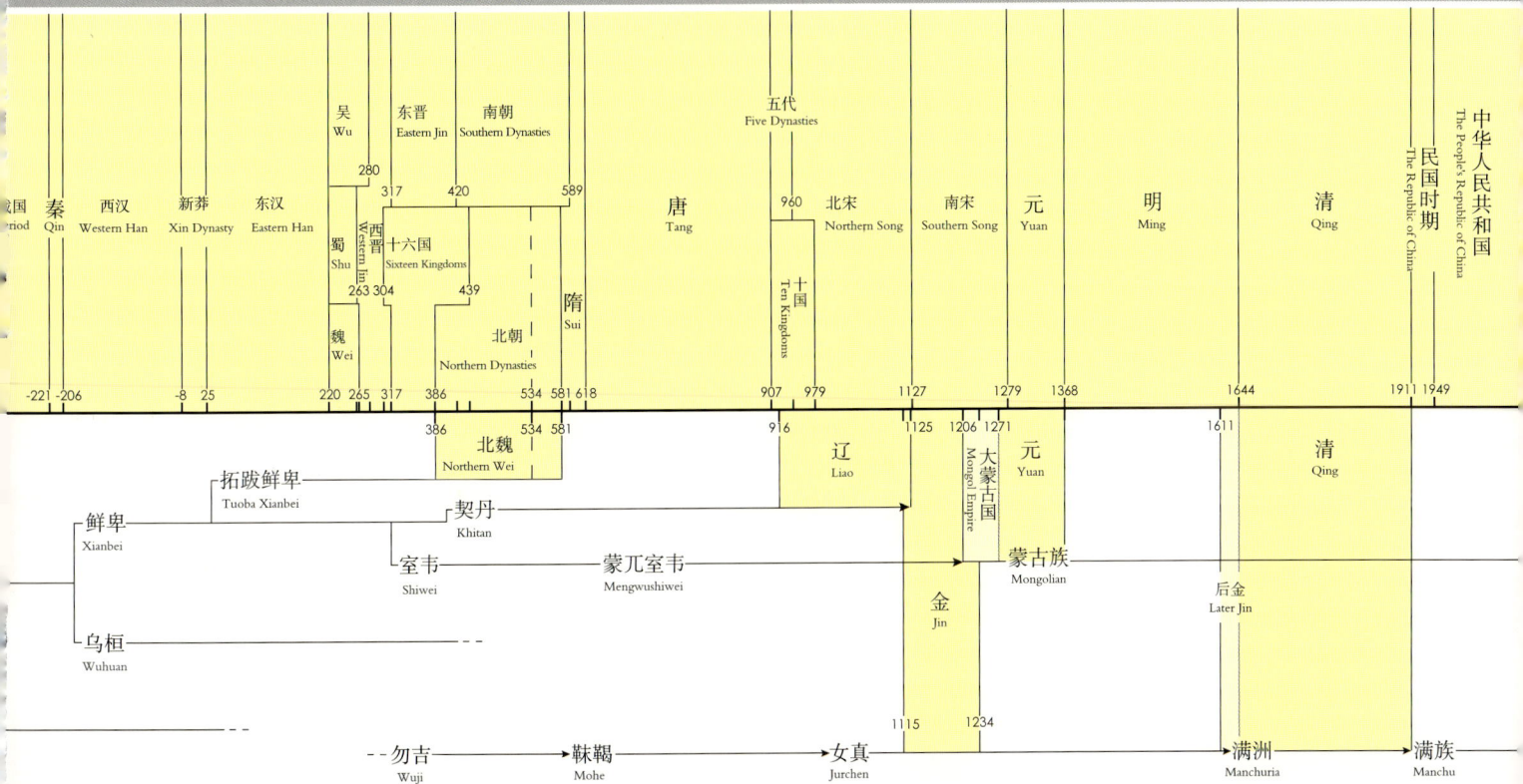

吴 Wu
东晋 Eastern Jin
南朝 Southern Dynasties
五代 Five Dynasties
中华人民共和国 The People's Republic of China
民国时期 The Republic of China

280
317
420
589
960
1127

秦 Qin
西汉 Western Han
新莽 Xin Dynasty
东汉 Eastern Han
蜀 Shu
西晋 Western Jin
十六国 Sixteen Kingdoms
唐 Tang
北宋 Northern Song
南宋 Southern Song
元 Yuan
明 Ming
清 Qing

魏 Wei
263 304
439
隋 Sui
十国 Ten Kingdoms
北朝 Northern Dynasties

-221 -206   -8 25   220 265 317 386   534 581 618   907 979   1127   1279 1368   1644   1911 1949

386   534 581   916   1125 1206 1271   1611

北魏 Northern Wei
辽 Liao
大蒙古国 Mongol Empire
元 Yuan
清 Qing

拓跋鲜卑 Tuoba Xianbei
契丹 Khitan
蒙古族 Mongolian

鲜卑 Xianbei
室韦 Shiwei
蒙兀室韦 Mengwushiwei
后金 Later Jin

金 Jin

乌桓 Wuhuan

1115   1234

勿吉 Wuji
靺鞨 Mohe
女真 Jurchen
满洲 Manchuria
满族 Manchu

中国历史年代简表

BRIEF CHRONOLOGY OF CHINESE HISTORY

后记 POSTSCRIPT

2012年8月，经中央常委批示，"蒙古族源与元朝帝陵综合研究"作为国家社会科学基金重大委托项目正式立项，为期10年。中国社会科学院科研局作为项目责任单位，中国社会科学院考古研究所、内蒙古自治区文物局、内蒙古呼伦贝尔市人民政府作为项目实施单位。项目实行首席专家负责制，中国考古学会理事长、中国社会科学院学部委员、考古研究所所长王巍研究员，内蒙古蒙古族源博物馆馆长、呼伦贝尔民族历史文化研究院院长孟松林先生担任项目首席专家。根据项目总体要求，在实施过程中坚持以考古学为主导，将呼伦贝尔地区作为工作的重点区域，通过开展系统的田野考古调查和发掘工作，获取与蒙古族源相关的第一手的考古实证资料，由此深入开展多学科综合研究，力争取得具有国际影响力的蒙古族源研究新成果，为维护国家统一、民族团结与文化安全服务。

2013年4月13日，项目首席专家办公会在京召开，决定编辑、出版《呼伦贝尔民族文物考古大系》，拟出版10卷，计划五年内完成。通过系统整理、研究呼伦贝尔市各旗、县、区馆藏文物，包括史前时期文物、历史时期文物、近现代及当代民族文物，选择具有时代特征和民族风格的各类文物标本进行拍摄，撰写文字说明，依时代早晚顺序编排文物图片。就馆藏文物的选编而言，注重表现以下三个方面：一是文物整体与局部的关系；二是同类文物的共性与差异及所反映出的时代演进特征；三是不同类别文物的组合关系，还应包括工艺技术水平、使用功能、地域特征、与中原及周邻地区文化交流关系等。同时，根据全国第三次文物普查资料，选择典型遗址进行外景拍摄，按时代顺序进行编排，充分展示呼伦贝尔地区古代遗存的保存状况及分布规律。书中刊发的图片和文字材料均属原创，在深入研究的基础上对编排体例进行了创新，极大提高了本书的研究利用价值。作为全国首部地市级的民族文物考古大系，对于全方位展示呼伦贝尔地区森林、草原民族独具特色的历史文化遗珍、印证呼伦贝尔作为"游牧民族的历史摇篮"和"中国历史上的一个幽静的后院"的历史地位具有独特的价值。本书的编辑、出版，对蒙古族源的深入探索将发挥重要的奠基作用。书中的序言和概述部分、遗址和文物的名称均为中、英文对照，将扩大本书在国际学术界的影响力。

《呼伦贝尔民族文物考古大系》的策划、编写和出版工作是在王巍所长、孟松林馆长两位首席专家的直接领导下完成的。文物出版社张自成社长、张广然副总编对于本书的出版工作高度重视、全力支持，选派社内骨干团队承担本书的文物摄影及编辑出版任务。在工作组全体成员的共同努力

下，2014年1月，《呼伦贝尔民族文物考古大系》陈巴尔虎旗卷和鄂伦春自治旗卷由文物出版社正式出版，因其资料丰富、条理清晰、印制精良，受到学术界的关注和好评，成为国家社会科学基金重大委托项目"蒙古族源与元朝帝陵综合研究"实施以来取得的重要基础性研究成果，人民日报、新华社、光明日报、中国新闻社、中国社会科学报、中国文物报、中国考古网等媒体均刊文报道。在确定继续编辑出版《呼伦贝尔民族文物考古大系》扎赉诺尔区卷和新巴尔虎左旗卷的工作任务后，工作组专门召开会议，认真总结了前两卷的成功经验和需要改进的不足之处，文物出版社艺术图书编辑中心张征雁、李飏两位副主任对编写工作中存在的问题进行逐项指正，进一步完善了编写体例，对参加编写的人员进行了业务培训。此后，项目（北京）办公室主任、中国社会科学院考古研究所刘国祥研究员先后主持召开两次工作会议，讨论扎赉诺尔区卷和新巴尔虎左旗卷所刊发的遗址和文物的断代问题、编写体例，并安排校稿和审稿工作。项目（呼伦贝尔）办公室主任、呼伦贝尔民族博物院白劲松院长负责总体协调工作组在呼伦贝尔期间的日程安排。

2014年6~9月，项目专家组成员、北京大学考古文博学院沈睿文副教授分三次带领中国社会科学院研究生院、北京大学考古文博学院、吉林大学边疆考古研究中心在读硕士和博士研究生，中国社会科学院考古研究所内蒙古第一工作队考古技师，内蒙古博物院、呼伦贝尔民族博物院及扎赉诺尔区、新巴尔虎左旗博物馆的专业人员共同完成了文物、遗址拍摄及文字说明的撰写工作。馆藏文物拍摄工作由文物出版社资料摄影信息中心刘小放主任和青年摄影师唐斌完成，遗址外景拍摄工作由资深文物摄影师庞雷先生和沈睿文副教授完成。中国社会科学院考古研究所科技考古中心刘方研究员完成位置图的绘制，中央民族大学历史文化学院黄义军教授完成遗迹分布图的绘制。中国社会科学院考古研究所科技考古中心王苹副研究馆员采用线描的艺术手法，生动地描绘出巴尔虎蒙古族着盛装的婚礼、摔跤、参加祭火仪式等场景以及呼伦湖冬季捕鱼的壮观场面，为本书增色。年表绘制由北京大学考古文博学院博士生易诗雯同学完成，辽宁师范大学历史文化旅游学院院长田广林教授校正。英文翻译由北京大学考古文博学院硕士生王东同学完成，美国西雅图华盛顿大学艺术史系王海城副教授校正。全书稿件由中国社会科学院考古研究所刘国祥研究员负责审定。

在此向所有关心、支持本书编写、出版工作的领导、专家学者表示感谢！向长期坚持在呼伦贝尔考古文博一线的旗县博物馆同仁表示敬意！向工作组同仁付出的所有辛劳表示诚挚的谢意！由于时间紧、任务重、工作难度大，书中疏漏及不当之处敬请学界同仁批评指正！

在今后的工作中，我们将始终牢记并认真贯彻落实全国政协原副主席、中国社会科学院原院长、项目总顾问陈奎元同志所提出的"精诚合作 不争利益"的原则，在项目首席专家王巍所长和孟松林馆长的领导下，总结经验，开拓创新，强化学术精品意识，将《呼伦贝尔民族文物考古大系》后六卷的工作有序推进，逐一落实。

作为国家社会科学基金重大委托项目，"蒙古族源与元朝帝陵综合研究"项目的实施得到了中共中央宣传部、中国社会科学院、国家文物局、全国哲学社会科学规划管理办公室、中共内蒙古自治区党委、内蒙古自治区人民政府、中共呼伦贝尔市委和呼伦贝尔市人民政府等相关单位领导的高度重视及大力支持，在此一并致谢！

《呼伦贝尔民族文物考古大系·扎赉诺尔区卷》，首次集中刊发扎赉诺尔鲜卑墓群历年考古发掘出土的珍贵文物资料及蘑菇山鲜卑墓群的最新考古发掘资料，对于推动鲜卑考古研究及探寻蒙古族源将发挥重要作用。

编者

2015年1月28日

摄　　影：刘小放　庞　雷

责任印制：张　丽

责任编辑：张征雁

图书在版编目（ＣＩＰ）数据

呼伦贝尔民族文物考古大系．扎赉诺尔区卷 ／ 中国
社会科学院考古研究所等主编．－－ 北京 ：文物出版社，
2015.2

ISBN 978-7-5010-4234-0

Ⅰ．①呼… Ⅱ．①中… Ⅲ．①蒙古族－文物－考古－
满洲里市－图集 Ⅳ．①K872.263.2

中国版本图书馆CIP数据核字(2015)第036519号

呼伦贝尔民族文物考古大系·扎赉诺尔区卷

主　　编　中国社会科学院考古研究所
　　　　　中国社会科学院蒙古族源研究中心
　　　　　内蒙古自治区文物局
　　　　　内蒙古蒙古族源博物馆
　　　　　北京大学考古文博学院
　　　　　呼伦贝尔民族博物院
出版发行　文物出版社
　　社址　北京市东直门内北小街2号楼
　　网址　www.wenwu.com
　　邮箱　web@wenwu.com
制版印刷　北京图文天地制版印刷有限公司
经　　销　新华书店
开　　本　889×1194　1/16
印　　张　16
版　　次　2015年2月第1版
印　　次　2015年2月第1次印刷
书　　号　ISBN 978-7-5010-4234-0
定　　价　380.00元